MARX ENGANOU JESUS... E LULA ENGANOU OS DOIS

J.H. Dacanal

MARX ENGANOU JESUS... E LULA ENGANOU OS DOIS

2ª edição / Porto Alegre-RS / 2014

Capa: Marco Cena
Revisão: Do Autor
Projeto gráfico e edição eletrônica: Bruna Dali e Maitê Cena

D117   Dacanal, José Hildebrando.
            Marx enganou Jesus... e Lula enganou os dois / José Hildebrando
        Dacanal. – 2. ed. Porto Alegre: Besouro Box, 2014.
            128 p.; 16 X 23 cm.

            ISBN: 978-85-99275-95-5.

            Ensaios Político-socioeconômicos: Brasil. I. Título.

CDU 304.4(04)

Catalogação: Aglaé Castilho Oliva CRB 10/814

Copyright © J. H. Dacanal, 2014.
1ª edição: 2006.

Todos os direitos desta edição reservados a
Edições BesouroBox Ltda.
Rua Brito Peixoto, 224 - CEP: 91030-400
Passo D'Areia - Porto Alegre - RS
Fone: (51) 3337.5620
www.besourobox.com.br

Impresso no Brasil
Outubro de 2014

SUMÁRIO

Ao leitor
7

I
**Marx enganou Jesus...
e Lula enganou os dois**
9

II
Brasil: do milagre à tragédia (1964-2004)
41

III
A década perdida: **a inflação como guerra social**
79

IV
A alternativa social-democrata
87

V
As origens da democracia
101

AO LEITOR

Os textos aqui reunidos, produzidos entre 1993 e 2006, foram escritos – à parte *"As origens da democracia"* – no calor da hora. E trazem gravadas, como é inevitável em tais casos, as marcas explícitas do testemunho pessoal e do momento histórico, em estilo não raro contundente e ácido. No entanto, creio que seu valor maior está em insistir recorrentemente em fatos e dados que, apesar de recentes, parecem ter desaparecido da memória nacional, tragados pela coragem das sucessivas e intempestivas mudanças, pela pregação *fake* de uma pseudoesquerda que perdeu seu rumo e seu discurso e pela cegueira de uma elite intelectual despreparada para entender seu próprio tempo.

Mas como poderia ser diferente em um país que em poucos anos foi convulsionado por transformações que na Europa e nos Estados Unidos ocorrem ao longo de dois ou três séculos?

J.H.D.
Julho / 2014

I

MARX ENGANOU JESUS...
e Lula enganou os dois

"Marx enganou Jesus ...e Lula enganou os dois", texto de 2006, é produto de minha experiência pessoal na infância e na juventude como membro da Igreja católica e de uma Congregação religiosa e, depois, de minhas observações como jornalista e ensaísta. Pela primeira alguns julgarão o texto estranho e arcaico. Pelas segundas retórico e até agressivo. Na verdade, este ensaio é apenas um artigo histórico-político, que ameaçou transformar-se em livro, sobre um aspecto ainda recente da vida brasileira cuja memória está se perdendo rapidamente. E dele quase já não mais restam testemunhas idôneas.

1
Envergonhados e surtados

Eu sei que não deveria estar escrevendo estas coisas. Conhecidos meus, mais ou menos amigos e mais ou menos petistas, me aconselham bondosamente a me dedicar à literatura, à estética, à teologia... É impressionante como as pessoas se preocupam comigo! Ou com elas...

Eu sei. Elas têm razão. Eu até tenho tentado. Mas não adianta. Jornalismo é um vírus mortal. E eu o contraí mais de quatro décadas atrás no *Diário da Manhã*, em Passo Fundo. Jornalismo é *informação datada*, mas não por isto menos informação. Jornalismo é História *on-line*. E eu, infectado pelo vírus, saio por aí, perguntando, provocando, ouvindo. E desenhando o cenário. De hoje, isto é, de ontem.

Semanas atrás fui visitar um colégio de Irmãs, ao qual sou ligado há duas décadas, ou mais. Dois filhos meus estudaram lá. E duas Irmãs daquela época continuam lá. Duas colonas, como eu. Mais ou menos da minha idade e com a mesma e sólida formação ética e religiosa que desapareceu para sempre no Brasil a partir do final da década de 1960.

Pois é, conversa vai, conversa vem, o PT entrou no assunto. Elas me conhecem. E eu provoquei: "Irmãs, por que se admirar? O mundo foi sempre assim! Mas que saudade do D. Hélder Câmara! Ele fazia a demagogiazinha dele mas tinha classe e tradição. Não era um vigarista como o frei aquele nem um tonto como aquele outro ex-frei. E a Igreja católica foi usada pelos comunistas e marxistas que pretendiam sovietizar ou cubanizar o Brasil! Os católicos brasileiros foram um bando de ingênuos e idiotas que se deixaram enganar e se tornaram massa de manobra de uma máfia de totalitários insanos e jurássicos sem moral e sem escrúpulos!"

Terminei meu discurso e pensei: Vão me mostrar a porta da rua!... Qual não foi minha surpresa ao ouvir uma das Irmãs dizer: "É duro reconhecer, mas o sr. tem razão. Foi isto que aconteceu!"

Dias depois, eu precisava comprar uma Bíblia. A minha, com quase meio século, fora presente dos meus mestres da Congregação dos Missionários da Sagrada Família por ocasião da conclusão do Quinto Ginasial, como se dizia à época, no Seminário de Santo Ângelo. E estava caindo aos pedaços – parecia ter sido editada por Moisés ou, pelo menos, por Paulo de Tarso... Bem, lá vou eu até a livraria mais próxima, pertencente à ala radical-esquerdista de uma conhecida Congregação religiosa. "Eu quero a edição da Ave-Maria" – digo eu a um rapaz de uns trinta e poucos anos. E ele: "Mas a nossa é melhor, mais moderna." Ignorância aliada a arrogância é duro de aguentar. Mas me controlei. E disse: "Deixa eu ver!"

Pego a Bíblia dele, abro em Gálatas 3,28 e 2Tm 4,5-6 e digo: "Olha aqui e aqui. A tradução da Ave-Maria pode não ser tão boa assim, mas a de vocês é pior. É típica tradução de petistas ignorantes." E cito, em grego, os versículos que eu escolhera – são dos poucos que eu sei de cor no original, mas isto eu não ia dizer a ele... – e os traduzo literalmente. O rapaz estava tonto, me olhando abobalhado. Então eu perguntei: "Vocês ainda são cristãos? Ou são comunistas? Ainda acreditam no *homem novo*? Os petistas acreditavam..."

Aí foi demais para ele. Começou a discursar furiosamente, aos gritos, contra o governador, o prefeito, "este bando de velhos que deviam se aposentar e ir pescar" etc. Uma loucura! Agradeci e saí à francesa, rapidamente, antes que sobrasse pra mim... Deixei o rapaz falando sozinho e me esqueci da Bíblia. Fui comprá-la dias depois, na livraria da ala conservadora da Congregação dele...

Descontada a parcela que deve ser creditada à libido do rapaz, que escorria pelos poros, e à calma pós-climatério das Irmãs, já em paz, concluí que aquilo de que eu já desconfiava era, de fato, a realidade: depois da ruína petista, a Igreja católica no Brasil está dividida em duas alas: a dos envergonhados e a dos surtados. Os primeiros, últimos remanescentes do período crepuscular do cristianismo romano-tridentino, percebem a armadilha em que caíram e, perplexos, tentando entender o que aconteceu, regridem às origens, à Igreja da época de sua formação biológica e ideológica. Os segundos, vítimas da intempestiva agonia das estruturas eclesiásticas pós-tridentinas e amestrados ao som da surrada cantilena da sereia comuno-petista da esquerda jurássica brasileira, sentem-se emparedados entre um passado que não conhecem e um presente que não entendem, debatendo-se na armadilha em que caíram e buscando os culpados pelo desastre. Coitados, vai ser difícil encontrá-los enquanto não olharem para a história da Igreja romano-tridentina e principalmente, à maneira de Édipo, para si próprios...

Mas, afinal, o que aconteceu com a Igreja católica no Brasil? Por que – usando o velho jargão direitista anticlerical – *os padres se tornaram comunistas*? O que os levou a cair nos braços do comuno-petismo? E o que acontecerá depois da ruína deste? O catolicismo tem futuro? Por que o chamado *cristianismo pentecostal* avança devastadoramente, qual apocalíptica nuvem de gafanhotos famintos, sobre a velha seara da Igreja romana e do luteranismo tradicional?

Apenas para responder a estas perguntas seria necessário pelo menos um livro de 400/500 páginas. Aliás, nem a verdadeira história da Igreja romana foi ainda escrita, nem a da Igreja romana brasileira. Portando, os tópicos abaixo são apenas o levantamento esquemático de alguns temas que fazem parte da milenar história do cristianismo europeu e da secular história do catolicismo brasileiro.

2
O cristianismo, Constantino e a Cristandade

Com Constantino, o Grande, no início do século IV d.C., o cristianismo – que nos seus primórdios fora uma seita judaica (israelita) e que depois se transformara em uma religião greco-israelita – foi elevado à condição de ideologia de Estado do já quase moribundo Império romano. Começava ali e então a nascer a Cristandade. Esta pode ser definida sinteticamente como aquela formação histórico-social que, a partir do Édito de Milão (312 d.C.) e tendo por base a Igreja romana, organizou-se e, ao longo dos séculos, consolidou-se como unidade espacial/territorial (a Europa Ocidental e parte da Central), social (o feudalismo clássico) e ideológica (o cristianismo niceno).

Gerada no seio mais que milenar de Israel e da Hélade, assumindo a herança multissecular do Império, insumindo os bárbaros e inserindo-os na *romanitas* e, depois, resistindo vitoriosamente às ameaças do Islão, a Cristandade erigiu-se e erigiu a Europa, com ela identificando-se por cerca de um milênio e amalgamando em seu ventre, para o bem e para o mal, como disse Toynbee, todas as civilizações do Mediterrâneo. Mas, à semelhança do poder de Roma – cantado como eterno por Horácio em seu *Carmen saeculare* – e também menos perene que o bronze, o *millenium* da Cristandade chegou um dia ao fim.

A partir de meados do séc. XIII, o fortalecimento dos burgos (cidades livres), a crescente expansão do comércio internacional (Hansa, Veneza, Toscana etc.) e a febre do retorno à Antiguidade clássica (o Renascimento) greco-romana começaram a erodir paulatinamente a base social da Cristandade, enquanto a emergência dos grandes Estados Nacionais (França, Inglaterra, Espanha, Portugal) retalhava impiedosamente sua base territorial. Assim, entre a segunda metade do séc. XV e a primeira metade do séc. XVI – já perdida para os turcos a parte oriental – a Cristandade ocidental regredira à era pré-constantiniana, ficando reduzida quase que exclusivamente à sua base ideológica, enquanto, de novo, como nas remotas eras do séc. III, heresias, rebeliões, cismas e dissensões gestadas em seu próprio seio a iam minando por dentro, progressivamente. Encerrava-se um ciclo histórico. Nascia a Europa moderna, gerada no ventre da Cristandade, que se esgotara em seu parto. E o cristianismo de Niceia, amálgama monumental das velhas civilizações do Mediterrâneo e vertido em seu não menos monumental *Credo*, parecia ter chegado a seu fim.

E eis que então, isolada por todos os lados, ameaçada em todas as frentes e vítima da nêmesis que se abatera sobre o Império do qual fora involuntária herdeira, a Igreja romana, guardiã milenar da visão de mundo filosófico-religiosa que substituíra a Antiguidade e sustentara a Cristandade, reagiu fria e ferozmente, dando ao mundo uma das mais clássicas e poderosas lições sobre a arte da guerra ideológica a que o Ocidente já assistiu. Foi a época do Concílio de Trento e da Contrarreforma.

3
Só e contra o mundo

A reação da Igreja romana pode, e deve, ser descrita em termos bélicos, pois assim ela foi concebida, planejada e executada.

Em primeiro lugar, seguindo uma consagrada tática da arte da guerra, a Igreja romana, acuada por um inimigo que avançava em todas as frentes, bateu em retirada de forma rápida e organizada, reconheceu a irreversibilidade das perdas sofridas, analisou a nova situação e delineou a estratégia a seguir no futuro. Esta foi a função do Concílio de Trento (1530).

Em segundo lugar, ao invés de transigir e negociar com o inimigo, a Igreja romana, mais do que aceitou, reivindicou seu isolamento, entrincheirou-se em seu *bunker*, repensou sua identidade, reagrupou suas forças, modernizou suas táticas e partiu para o ataque. Esta estratégia foi, adequadamente, denominada *Contrarreforma*, mas bem que poderia chamar-se *Contra o Mundo*.

Em terceiro lugar, fazendo da necessidade uma virtude, a Igreja romana fundou esta temerária estratégia sobre um passado trifronte que era exclusiva e milenar herança sua: reafirmou a fé greco-israelita de Niceia, oficializou, com a adoção do celibato, a disciplina moral e intelectual do monaquismo ocidental e – digna herdeira do Império dos Césares! – lançou legiões de professores, mestres, oradores, filósofos e teólogos – todos poliglotas e dura e longamente treinados segundo a pedagogia da Antiguidade tardo-clássica – sobre as multidões de bárbaros e analfabetos de um mundo que começava então a deixar para trás as fronteiras da Europa e da Cristandade e a expandir-se por todo o planeta. A história da Companhia de Jesus, fundada pelo aristocrata decadente e militar espanhol Iñigo de Loyola, e de seus *soldados de Cristo*, é o paradigma e o símbolo deste furor bélico-missionário que, ele também, retroagia à era pré-constantiniana e ao ardor primevo de Paulo de Tarso e dos mártires, cujo sangue, como disse Tertuliano, fora *a semente de novos cristãos* e regara a argamassa com que fora erigida a Cristandade.

Assim, em meados do séc. XVI, mais de um milênio depois de Constantino e de sua associação ao Estado, a Igreja romana renegou sua base territorial – já perdida –, erigiu um Estado espiritual, criou uma base social própria e, brandindo em suas mãos o *Credo* de Niceia, desafiou o mundo. Começava ali a história do cristianismo, ou catolicismo, romano-tridentino.

4
O ghetto tridentino: vitória e implosão

A verdadeira história da *nova* Igreja romana idealizada no Concílio de Trento e materializada nos princípios da Contrarreforma ainda não foi contada. E talvez nunca venha a sê-lo, pois sua memória está se perdendo rapidamente em virtude de sua desintegração cataclísmica a partir das últimas décadas do séc. XX. Mesmo para mim – que pertenci à última geração que viveu dentro dela e foi por ela formada – é difícil explicar o porquê deste fenômeno, isto é, a impossibilidade de narrar a história da Igreja romano-tridentina e a da rápida erosão de sua memória.

Sinteticamente, talvez seja possível afirmar que isto resulta de dois fatores independentes entre si e ao mesmo tempo complementares: de um lado, os que fizeram parte da Igreja tridentina viveram à margem da história do Ocidente pós-renascentista e, de outro, os que dela não fizeram parte sempre a viram – e ainda a veem – como um corpo estranho e marginal a esta mesma história. Daqui nasce a antes referida impossibilidade, pois *História*, no sentido clássico de Tucídides, pressupõe em quem a escreve a posse de três condições:

1 – A experiência, pessoal ou mediada;

2 – A consciência desta experiência;

3 – O distanciamento em relação a esta experiência.

E, obviamente e por suposto, nem os primeiros nem os segundos dos citados reúnem estas três condições conjuntamente.

Mas, deixando à parte tal tema, por demais propício a divagações de natureza filosófica e psicológica, fiquemos por ora no campo das constatações elementares e suficientes para tentar explicar "por que todos os padres e freiras no Brasil viraram comunistas?"

Segundo foi visto acima, privada de sua base territorial, a Igreja romana organizou um Estado espiritual sem fronteiras; perdida sua base social, criou seu próprio rebanho supranacional; e isolada em seu *bunker* passou a brandir ameaçadora seus dogmas petrificados pela História. E, solitária e convicta, enfrentou o mundo, resistiu a tudo e a todos e sobreviveu incólume por mais de quatro séculos.

A Igreja romano-tridentina sobreviveu à desintegração da própria base ideológica, com o surgimento de várias igrejas cristãs nacionais, e à proliferação de igrejas reformadas, seitas e cismas diversos. Sobreviveu à maré montante das variegadas filosofias racionalistas da burguesia europeia e à irreversível e completa laicização das classes dirigentes urbanas. Sobreviveu à queda das aristocracias absolutistas continentais, as quais haviam pretendido – apelando ao *direito divino dos reis*! – governar em nome dela, da Igreja, e às quais esta, *à faute de mieux*, se aliara. Sobreviveu ao terremoto e à vitória apocalíptica do Iluminismo revolucionário, às negras jornadas do Terror, ao Código Napoleônico, à Revolução Americana. Resistiu à fúria dos carbonários, à sanha dos *communards* e ao romantismo radical dos socialistas utópicos. Sobreviveu à perda das últimas fímbrias de sua base territorial com a unificação da Itália sob Cavour e com a organização do Estado republicano e anticlerical de Garibaldi e Mazzini. Sobreviveu à industrialização e à urbanização, que subvertera a face da velha Europa, e ao proletariado revolucionário que delas nascera e que, tendo perdido sua fé, lutava apenas por seu pão. Sobreviveu à utopia do *homem novo* marxista e às carnificinas das guerras civis europeias da primeira metade do séc. XX, nas quais se enfrentavam nações que haviam feito parte da velha Cristandade e que agora marchavam para a batalha invocando o nome e a proteção do mesmo Deus... Ela, a Igreja romano-tridentina, sobreviveu ao nascimento e à institucionalização do aborto ideológico marxista-leninista e às perseguições, aos crimes e ao terror dos Estados totalitários sobre aquele fundados. Sobreviveu ao delírio fascista do Duce e à barbárie inaudita do nazismo.

Sobreviveu, enfim, à morte da velha Europa pós-renascentista, ariana e imperialista – conquistada *ex aequo*, em 1945, pela Cartago mercantil-puritana e pelo Leviatã soviético-asiático –, e ao ocaso sem retorno de seus Impérios "sobre os quais o Sol jamais se punha" (Kipling).

Em verdade, em meados do séc. XX a Igreja de Trento e da Contrarreforma resistira e sobrevivera a tudo e a todos e parecia testemunhar, firme sobre a indestrutível rocha do Papado, a sagrada promessa feita um dia pelo Crucificado a Pedro em Cesareia de Filipe, segundo o relato de Mateus 16,13-18:

> Chegando Jesus à região de Cesareia de Filipe, interrogou seus discípulos dizendo: Quem dizem os homens ser o Filho do Homem? Eles então disseram: Uns que João Batista, outros que Elias e outros que Jeremias ou algum dos profetas. Disse, porém, ele: E vós quem dizeis que eu sou? Respondendo, Simão Pedro afirmou: Tu és o Messias, o Filho do Deus vivente. Respondendo então, Jesus disse a ele: Feliz és tu, Simão Barjonas, porque nem a carne nem o sangue to revelaram mas o meu Pai que está nos céus. E eu te digo que és Pedro e sobre esta pedra construirei a minha Igreja e os porteiros do Inferno jamais a derrotarão.

E então veio o desastre.

5
O desastre

A Igreja de Trento e da Contrarreforma, desde seus primórdios e ao longo de quatro séculos, resistiu incólume à invenção da imprensa e à progressiva e relativa disseminação do livro e do jornal. Mas ela não resistiu ao ataque conjunto do cinema, do rádio e da televisão a partir do final da primeira metade do séc. XX. E é fácil entender o porquê disso.

Na era do livro e do jornal, frutos e símbolos por excelência da Primeira Revolução Industrial, a guerra se travava ainda no terreno restrito dos corações e das mentes das elites, já perdidas, e dos poucos alfabetizados dos grandes centros urbanos. Esta era uma guerra, em primeiro lugar, que a Igreja travava em seu próprio terreno e com as mesmas – e quase sempre mais sofisticadas – armas que as do inimigo e, em segundo lugar, que não atingia sua retaguarda e sua logística – isto é, o vasto espaço agrário e/ou semi-urbanizado das aldeias, vilas e pequenas cidades, sobre o qual, na Europa, ela, a Igreja, reinava absoluta desde os tempos de Carlos Magno e, nas colônias ibéricas, desde que estas haviam se instalado.

Mas com o cinema, o rádio e a televisão – *mass media*/ veículos de massa, na precisa definição norte-americana – foi diferente: frutos e símbolos por excelência da Segunda Revolução Industrial e do conhecimento e do domínio cada vez mais sofisticados das leis da natureza, estes veículos de massa reduziram ou simplesmente anularam o fator *distância*, ignoraram as diferenças de sexo e idade, relativizaram as barreiras culturais, as classes sociais e os níveis de formação intelectual, eliminaram fronteiras e controles e disseminaram e popularizaram a informação e o conhecimento, potencializando assim em escala sem precedentes o fascínio da palavra, da voz e da imagem e transformando as nações e o planeta em uma *aldeia global*, como disse McLuhan.

A importância e as consequências da universalização da alfabetização e do ensino nas sociedades industriais entre meados do séc. XIX e meados do séc. XX podem ser consideradas limitadas se comparadas com a força avassaladora e a dimensão global destes novos meios de comunicação e informação. A Igreja romana, tanto mais por ter se isolado, crispada e auto-suficiente, em seu *ghetto* por quatro séculos, foi impiedosa e brutalmente atingida. E não resistiu.

No Brasil, o impacto deste fenômeno foi ainda mais devastador, pois foi coetâneo à intempestiva inserção da economia e da sociedade do país na era da Segunda Revolução Industrial, num espantoso processo que em menos de uma década completou um ciclo que na Europa se estendera por cerca de meio milênio. E nos Estados Unidos por aproximadamente um século.

No vórtice desta inserção completa de sua economia no macrossistema industrial internacional e de sua homogeneização interna via redes de transportes rápidos e de redes de comunicação instantânea, o Brasil antigo desapareceu. E, junto com ele, a Igreja romano-tridentina foi varrida pelo furacão das mudanças, numa catástrofe cuja dimensão e cujo impacto civilizatório as novas gerações jamais poderão compreender. Talvez apenas intuir, por contraposição, ao ouvir o som da barbárie que impune ruge ao seu redor.

Fui espectador e partícipe daquele cenário apocalíptico que se desenhou, se desenvolveu e desapareceu em menos de uma década, deixando atrás de si apenas os destroços do naufrágio e as marcas do caos.

E quando se abriram os portões do Inferno então eu vi – como diriam os mestres que me formaram, os derradeiros representantes do mundo romano-tridentino –, então eu vi legiões de demônios saltando por sobre os muros dos conventos carregando na ponta de seus forcados gigantescas imagens de mulheres nuas, em tecnicolor, a personificação da lascívia e do pecado. E elas tinham nome: Marylin Monroe, Brigitte Bardot e – suprema ironia! – Silvana Mangano, Gina Lolobrigida, Sophia Loren... Então eu vi, pior do que isto, a paz, a disciplina e a fé dos mosteiros, conventos, seminários e juvenatos serem subvertidas pelo diabólico fermento dos novos comportamentos e de novas crenças, que iam dos Beatles a Hans Küng, de Guevara a Teilhard de Chardin, de Sartre a Mary Quandt...

Então eu vi, no *crossingover* da libido já sem freios de suas hostes com a desintegração de seus fundamentos ideológicos, o mundo romano-tridentino ruir fragorosamente. Então eu vi centenas de mosteiros, conventos, seminários e juvenatos se esvaziarem em alguns anos, restando deles quase que apenas as gigantescas moles de seus prédios, verdadeiras fortalezas dentro de cujos muros se entrincheirara o cristianismo niceno-medieval. Então eu vi dezenas, talvez centenas, de congregações religiosas minguarem tristemente e praticamente desaparecerem, desaparecendo com elas um monumental sistema ético-pedagógico e a quase duas vezes milenar experiência civilizatória que os embasava.

Então eu vi, em meados da década de 1970, em uma cidadezinha do Noroeste do Rio Grande do Sul, um noviço proferir seus votos de pobreza, obediência e castidade enquanto, entre os fiéis presentes, sua namorada a tudo assistia, grávida e feliz... E um vigário de origem alemã, portador, talvez, de um luciferino e recessivo gen da Reforma, deitar em sequência suas paroquianas, casadas ou não, na sacristia. Certo, poucos anos antes, em Passo Fundo, um colega meu de série, um gringo achiruado dos campos de barba-de-bode do Entre-Ijuís, fora surpreendido montando em pelo uma empregada no porão da cozinha, mas isto era considerado então um acidente de percurso, creditado sem dúvida à barbárie de gaudérios acostumados desde a infância a outras montarias, digamos, mais rústicas e mais lanígeras...

Então eu vi, juro, homens e mulheres acabrunhados, de alma crestada pela renúncia de si próprios e de corpo esvaído no serviço de seu Deus, afundarem na tristeza, no desespero e até na loucura diante de um presente que não entendiam e de um futuro que lhes sequestrara a esperança. E outros, fascinados pelo canto insidioso da sereia marxista-leninista e quais cegos a guiar outros cegos, levando consigo para a ruína os poucos das novas gerações, que, ignorantes e sem rumo, os seguiam aparvalhados, quais ovelhas desgarradas a falso e solerte pastor.

Então eu vi as escolas católicas abandonarem o velho Catecismo tridentino, substituindo-o pela ainda mais velha cartilha do marxismo vulgar. Então eu vi jovens párocos e coadjutores, em toscos sermões em que se misturavam caoticamente as surradas *palavras de ordem* revolucionárias e o patético sentimentalismo de adolescentes retardados, pregarem o ódio em igrejas e capelas quase vazias, pois nelas os pobres já não encontravam arrimo e consolo – indo buscá-los no pentecostalismo mercantil – e os demais nelas se recusavam, com razão, a entrar.

Então eu vi, ao longo dos anos, a Igreja no Brasil aderir quase em peso ao esquerdismo infantil, ao petismo esperto e ao marxismo jurássico e, dócil, submissa e tolamente, transformar-se em linha auxiliar e massa de manobra de um projeto revolucionário marxista-leninista, cujas táticas e cujos objetivos, aliás, eram tão secretos quanto um segredo de Polichinelo.

Então eu vi, mais uma vez, a besta do Apocalipse abrir os portões do Inferno. E seu nome era Roberto Jefferson! Então eu vi...

Mas como foi que tudo isto aconteceu? Como foi que a Igreja romana, guardiã ciosa – ainda que nem sempre fiel – da milenar tradição israelita-cristã da igualdade, da fraternidade, da liberdade do indivíduo e da separação entre público e privado, como foi que ela, desprezando este tesouro perene da civilização ocidental, da qual é parte e foi fundamento, como foi que ela, no Brasil, rendeu-se, pusilânime, ao seu inimigo mortal, o totalitarismo de Estado, e sacrificou em aras desta nefanda ideologia que ela sempre afrontara, em seus primórdios e ao longo dos séculos, com a tonitruante voz de seus pastores e com o sagrado sangue de seus mártires? Como foi – para usar uma vez mais o velho jargão da direita anticlerical do passado, aliás tão recente! –, como foi que padres e freiras se tornaram comunistas? Como foi que Marx enganou Jesus?

Eis aí um tema para outra obra de centenas de páginas. Mas, respondendo e resumindo, neste artigo que transformou-se em ensaio e ameaça tornar-se livro, as causas do fenômeno acima referido podem ser divididas em *genéricas* e *específicas*, que, por sua vez, subdividem-se em *internas* e *externas* à Igreja. As causas genéricas já foram, pelo menos em parte, listadas e sucintamente comentadas: a visão de mundo e a estrutura operacional da Igreja romano-tridentina não resistiram ao impacto conjunto da Segunda Revolução Industrial, da urbanização acelerada dela decorrente, da universalização da alfabetização e do ensino a ela necessária e da disseminação da informação e do conhecimento via meios de comunicação de massa por ela gerados.

Vejamos agora as causas específicas, internas e externas.

6
Causas específicas internas

As causas específicas do fenômeno podem ser divididas em *internas* à Igreja e *externas* a ela. Entre as causas específicas internas estão *a defasagem histórica, a incapacidade de reagir, a visão igualitária, a visão milenarista* e *o peso do passado*.

A defasagem histórica

Ao declarar guerra ao mundo e fechar-se crispadamente em seu *ghetto*, a Igreja de Trento e da Contrarreforma plantara a semente de um futuro desastre. Não havia meio-termo: ou os ventos da História soprariam a favor da barca de Pedro, e ela navegaria, segura e serena, pelos séculos afora, ou soprariam contra, e ela, despreparada e sem rumo, soçobraria catastroficamente. Alguém poderia argumentar que as igrejas reformadas e as nacionais também não foram poupadas, desintegrando-se lentamente. Correto, mas o que estamos analisando aqui não é a derrota do cristianismo niceno-medieval em seu conjunto diante da sociedade urbano-industrial mas, sim, o caso específico da Igreja romana. E o fato de que, no caso dela, a catástrofe intempestiva foi o inesperado coroamento de um inegável sucesso de quatro séculos. Este não é um paradoxo nem uma figura de retórica mas simplesmente um fenômeno histórico: a defasagem que foi penhor de seu sucesso quatro vezes secular foi também a gênese de sua derrota quase instantânea.

A incapacidade de reagir

Como consequência direta da citada defasagem histórica, a Igreja romano-tridentina – voltada sobre si própria, autossuficiente e em guerra com o mundo – mostrou-se incapaz de reagir adequadamente e de enfrentar a realidade quando esta arrombou as portas do *ghetto* em que se isolara. É necessário reconhecer que através de documentos que marcaram época – como as encíclicas *Rerum novarum*, sobre a questão social, e *Miranda prorsus*, sobre os meios de comunicação de massa – a Igreja demonstrou ter sentido o golpe dos novos tempos e tentou adequar-se a eles e influir sobre eles. Era tarde. Sua voz ainda ressoava, é verdade, mas seu eco era cada vez mais longínquo e cada vez menor o rebanho que a ouvia. No plano das instituições e organizações, a incapacidade é uma categoria histórica. Era tarde. Seu ciclo vital chegara ao fim. A Igreja de Trento e da Contrarreforma já não fazia História. Era arrastada por ela.

A visão igualitária

A visão igualitária, ao contrário do que pretendiam fazer crer o iluminismo de matriz francesa e o anticlericalismo do passado, funda suas raízes no monoteísmo do Decálogo e na pregação do profetismo clássico israelita dos séculos VII e VIII a.C., atualizada e globalizada pelo cristianismo primitivo no século I d.C. A forma como a Igreja romana – herdeira e guardiã da tradição israelita-cristã –, ao longo de suas várias fases históricas, lidou com esta tradição igualitária seria tema para uma alentada obra. Aqui é possível apenas dizer que tal visão, exposta por Paulo de Tarso de forma clara e ainda hoje quase chocante em Gálatas 3,28 e por Lucas com seu "socialismo" *à outrance* em Atos 1-2, sempre foi parte indissociável e irrenunciável da Igreja romana, mesmo quando temporariamente ignorada ou aparentemente esquecida. É esta visão igualitária que embasa e impregna a referida *Rerum novarum*, que foi uma reação, ainda que tardia, na Europa da segunda metade do século XIX, às consequências da crescente industrialização e da urbanização acelerada, consequências estas materializadas na miserabilização de amplas faixas da população e na agitação revolucionária do proletariado. Em outras condições históricas e políticas, foi isto que aconteceu também na América Latina da segunda metade do século XX, como se verá a seguir, e que fez de grande parte da Igreja refém do milenarismo totalitário marxista-leninista.

A visão milenarista

Visão milenarista, ou *milenarismo*, é a crença de que em algum momento futuro, mais ou menos determinado, a espécie humana passará por uma transformação radical e então nascerá uma nova sociedade, quando, na expressão dos escritores israelitas ditos *apocalípticos*, de dois milênios atrás, *serão criados nova terra e novos céus*.

Existiram e ainda existem vários tipos de milenarismo. No Ocidente, o mais conhecido deles no último século e meio é o *marxismo*, nascido na Europa no século XIX e transformado na Rússia em *marxismo-leninismo* nas primeiras décadas do século XX. Sua crença é tecnicamente tão simples quanto racionalmente absurda: a ação revolucionária dos marxistas-leninistas criará o *homem novo* e instaurará a *sociedade comunista*, na qual todos serão iguais e ninguém sofrerá exploração ou dominação. Basta crer e agir e tudo acontecerá segundo a profecia... E então – elemento comum a todos os milenarismos – a História terá chegado a seu fim!

São poucos os que sabem que esta visão, aos olhos de hoje tão tosca quanto insana, tem mais de dois mil anos, pois era exatamente nisto que acreditavam, como foi referido acima, aqueles que os historiadores e especialistas denominam *apocalípticos judaicos*, grupos de milenaristas de religião israelita que viviam na Palestina e fora dela mais ou menos na época de Jesus de Nazaré. Pois bem, são menos ainda os que sabem que o cristianismo primitivo – de Paulo de Tarso, de Lucas, de Mateus etc. – era um destes grupos – ou *seitas*. Portanto, o milenarismo totalitário marxista-leninista é uma espécie de religião laicizada e, em certo sentido, irmã abortiva e deformada do cristianismo. Esta longínqua origem comum foi sem dúvida uma das causas que, no Brasil e em alguns países da América Latina, levaram a Igreja romana à, para ela, fatídica e catastrófica frente comum com os grupos totalitários marxistas-leninistas.

O peso do passado

As relações do cristianismo – como um todo, em suas várias etapas, em seus vários ramos, nos primórdios e ao longo dos séculos – com as estruturas do poder secular/laico foram de natureza vária e variada, diversa e diversificada, simples e complexa, clara e ambígua, pacífica e conflitiva etc. Mesmo porque, de uma seita israelita inicialmente tolerada pelo Templo e pelas autoridades romanas de ocupação a ideologia oficial do Império, sob Constantino, o Grande, o caminho do cristianismo foi longo, espantoso e paradoxal – isto para ficar apenas nos três primeiros séculos de uma existência duas vezes milenar! Por isto, de um ponto de vista histórico, é próprio de tolos e ignorantes afirmar simplesmente, repetindo Marx, que a religião é o ópio do povo, que a Igreja – no caso, a romana – sempre apoiou os poderosos etc. E, se por mais não for, pelo menos porque na Cristandade pós-constantiniana a Igreja romana não apoiava o poder ou os poderosos. Ela simplesmente *era o poder*...

Mas foi exatamente a falta de visão histórica – intrínseca à Igreja romano-tridentina – que fez dela presa fácil na segunda metade do século XX: atacada por todos os lados, combatendo na defensiva e tentando desesperadamente adequar-se aos novos tempos para sobreviver, ela rendeu-se à tática do inimigo e, sob o peso de seu passado, ensaiou uma humilhante autocrítica à moda leninista, confessando sua impotência e seus pecados – como se a História fosse culpa dela! –, renunciando à sua autonomia e trilhando um caminho sem saída e talvez sem retorno.

Longo seria analisar este tema fascinante. Contudo, é pelo menos necessário registrar que João Paulo II, em seu pontificado, ensaiou uma reação ao desastre. Esta reação, porém, mostrou-se tardia, não apenas de um ponto de vista geral – já analisado – mas principalmente de um ponto de vista específico, pois ela trazia claramente as marcas das experiências do cristianismo centro-europeu, mais particularmente do polonês. E na Polônia, como se sabe, o catolicismo não é uma religião mas, antes de tudo, uma ideologia nacional que, mais que às invasões nazista e soviética, resistiu ferozmente e sobreviveu ao totalitarismo marxista-leninista.

7
Causas específicas externas

Entre as causas específicas externas que, no Brasil, estão na origem da esquerdização da Igreja e de sua transformação em linha auxiliar e massa de manobra de um projeto de poder revolucionário marxista-leninista, por definição totalitário, podem ser citadas, entre outras, *a desigualdade social, o momento histórico-político* e *a armadilha totalitária.*

A desigualdade social

A desigualdade social e as nefastas consequências dela decorrentes eram inerentes às sociedades ibéricas e o foram ao modelo por estas implantado quando da conquista e da colonização do Novo Mundo. Esta desigualdade e suas consequências, no passado e ainda hoje agressivamente presentes em quase todos os países ibero-americanos, tornaram-se o foco principal da atenção da Igreja quando esta, acicatada pelas condições e pelas exigências dos novos tempos, começou angustiadamente a busca por novos métodos de ação e novas estratégias de sobrevivência – e a conferência de Medellín, na Colômbia, em 1968, foi disto um marco histórico.

Esta preocupação não podia ser considerada uma novidade no continente. Em primeiro lugar porque, como se viu, a ideia de igualdade é intrínseca à tradição civilizatória israelita-cristã e, em segundo, porque, apesar de aliada fiel e sócia do poder secular ibérico, a Igreja demonstrara, não raro, independência em relação a ele e inconformidade em relação a seus métodos brutais de conquista e colonização. E os nomes de Anchieta, Las Casas, Vieira, Hidalgo e Morellos, entre outros, aí estavam para prová-lo.

Em Medellín, a Igreja latino-americana, que nascera e cresceu à sombra de Trento e dos Impérios ibéricos, ficou frente a frente com a nêmesis de seu passado. E ensaiou a fuga para o futuro. Naquelas eras, nele ainda brilhava a luz da esperança...

O momento histórico-político

Nas décadas de 1960/70, no plano externo, o apogeu do poder imperial dos Estados Unidos e o auge da *guerra fria* levaram à crise dos foguetes em Cuba, à Guerra do Vietname, à ocupação militar da então Tcheco-Eslováquia, à eclosão, no rastro e com o apoio de Cuba, de movimentos guerrilheiros e à instalação de regimes ditatoriais/militares na América Latina, quase todos apoiados e sustentados direta ou indiretamente por Washington. Ao mesmo tempo, no plano interno, ocorria o endurecimento do governo militar a partir de 13 de dezembro de 1968 (AI-5), o surto guerrilheiro de 1969-75, a decorrente repressão desencadeada por órgãos oficiais e paraoficiais, o crescimento da oposição ao regime e, finalmente, o incipiente conflito entre este e o Departamento de Estado, a partir de 1976 sob comando dos democratas. Estes, promotores e depois herdeiros do desastre vietnamita e apavorados diante da possibilidade de um acidente nasserista no Brasil e de uma conflagração generalizada em seu *quintal* latino-americano, promoveram uma guinada de 180 graus em sua política externa e passaram a apoiar os movimentos pacíficos de oposição no continente. Esta guinada estratégica, planejada e executada de forma brilhante, foi possivelmente a mais bem-sucedida operação da diplomacia dos Estado Unidos no pós-guerra na América Latina e teve seu coroamento na *política dos direitos humanos* de Jimmy Carter, que com sua mulher, Rosalyn, compôs uma dupla excepcional – pela elegância, pela discrição e pela sutileza – de operadores da política imperial norte-americana.

Um dado curioso é que, equivocada e pateticamente, a esquerda brasileira e seus *companheiros de viagem*, ali incluída a Igreja, interpretaram esta guinada diplomática como uma derrota dos Estados Unidos – resultado, *ça va sans dire*, da ação dela, esquerda! – quando, na verdade, era apenas uma manobra estratégica de longo alcance habilmente camuflada sob a aparência de um recuo tático. Aliás, entre parênteses, diante de tanta argúcia não é de surpreender o desastre da política externa "esquerdista" do Itamaraty durante o primeiro mandato de Lula, particularmente no caso da Venezuela e da Bolívia...

Enquanto isto, o Brasil, agrário e primitivo, saltava em poucos anos para o patamar da Segunda Revolução Industrial, transformando-se na oitava potência econômica do planeta, e se inseria definitivamente no macrossistema industrial-mercantil global ao mesmo tempo em que a urbanização, a população e a miséria, relativa e absoluta, cresciam descontrolada e assustadoramente, em ritmo vertiginoso, anunciando o futuro e o caos. Que aí estão: mais de 100.000.000 de bárbaros em quatro décadas, 60.000 mil assassinatos por ano e o crime ditando a lei nas cidades. E a Igreja, abalada até os fundamentos pela implosão do *ghetto* tridentino em que se protegera e dividida e encurralada diante da crise feroz que a devastava, lançava-se em movimentos erráticos, tentando sobreviver a qualquer custo diante do apocalipse, em parte aferrando-se crispadamente ao passado, em parte aderindo à rasteira e espetaculosa espiritualidade do pentecostalismo – tanto mais patética por carecer do frio e eficiente mercantilismo deste – e em parte atirando-se de olhos fechados na ação política e social.

Esta última tendência foi a que se impôs e assim a Igreja, no Brasil, esquecendo as lições de seu Mestre e buscando um reino que é deste mundo, caiu na armadilha que o Maligno solertemente lhe preparara. E seu nome era *marxismo-leninismo*!

A armadilha totalitária

Pela fé cega, pelo amoralismo congênito, pela negação do indivíduo e do espaço privado, pelo coletivismo insano e pela disciplina férrea, o milenarismo totalitário marxista-leninista é uma religião de celerados, nascida do espúrio conúbio do despotismo oriental com o iluminismo ocidental e transformada na mais nefanda das ideologias já criadas pela espécie.

Por isto mesmo, adotando a mentira como princípio, o terror como método e o Estado totalitário como fim, o marxismo-leninismo transformou-se no mais eficiente instrumento de ação política do século XX, particularmente em sociedades pré-industriais da periferia ocidental marcadas pela desigualdade social e pelo analfabetismo intelectual. É compreensível, pois nestas sociedades era possível aliar exitosamente a dedicação absoluta a uma causa e a extrema eficiência tático-operacional de uma reduzida elite revolucionária à ignorância completa e às necessidades urgentes de massas multitudinárias e famintas que pouco ou nada tinham a perder.

Evidentemente, ao contrário do que, por tática ou por convicção, afirmava Lênine, o êxito do milenarismo totalitário marxista-leninista ocorreu apenas onde *condições históricas objetivas* estavam presentes, jamais estas podendo ser criadas pelo voluntarismo político de uma elite revolucionária, ou assim autodenominada.

No caso específico aqui tratado, estas condições históricas objetivas existiam, e só elas podem explicar por que Marx enganou Jesus. Pois foi no *crossingover* da eficiência tático-operacional dos grupos marxistas-leninistas com a existência das já antes analisadas causas gerais e específicas – internas e externas – que a Igreja no Brasil marchou decididamente para a esquerdização, caindo na armadilha e seguindo a reboque – enquanto ingenuamente pensava estar jogando o *seu* jogo! –, como *companheira de viagem*, de uma ideologia totalitária que é a negação absoluta e a inimiga mortal da tradição israelita-cristã pré--constantiniana.

Esta literal *traição dos clérigos* é uma longa história que – como a da esquerda brasileira – ainda não foi contada, e que também aqui não pode sê-lo, a não ser sumarissimamente. Mas ela começa na virada da década de 1950 para a de 1960 com o trabalho "conjunto e solidário" de cristãos e marxistas, com a infiltração de militantes marxistas-leninistas nas organizações juvenis católicas (JEC, JOC, JUC etc.) e até mesmo nos conventos – quem lembra o panfleto *Brasil urgente* publicado pelos dominicanos paulistas? – e com a criação da Ação Popular (AP), parte de cujos integrantes adeririam posteriormente à guerrilha urbana. Continua com a adesão paraoficial, e até mesmo eventualmente oficial, da Igreja aos grupos da oposição política ao regime militar, com o apoio ativo a manifestações, marchas e protestos e com a participação nas lutas sindicais do ABC paulista e depois na fundação do Partido dos Trabalhadores. E se encerra com a adesão de praticamente toda a Igreja, ou do que restava dela, à frente liderada pelo PT – já então há muito, como se verá a seguir, canibalizado pelos grupelhos marxistas-leninistas – e ao governo de Luís Inácio Lula da Silva e até mesmo a movimentos paraguerrilheiros como o MST.

Esta é uma história fascinante, a história de uma desesperada fuga para frente. E para a ruína. Nesta fuga, a Igreja, refém de seu passado e vítima de seu presente, transformou-se em linha auxiliar e massa de manobra de uma ideologia de celerados.

Foi assim que Marx enganou Jesus...

8
...e Lula enganou os dois!

A história do devastador terremoto político de 2005 e da espetacular ruína do PT e de seu insano projeto totalitário marxista-leninista é o epílogo patético e infeliz de quase um século de ação da esquerda clássica, que no Brasil foi vitoriosa apenas na ficção delirante de Jorge Amado em seu clássico *Capitães da areia*.

Esta história, que deve aqui ser condensada em algumas dezenas de linhas, é mais ou menos a seguinte:

Foi lá pelos inícios da década de 1920, quando reinava soberana a oligarquia de um país agrário em que o único sinônimo de *poder* era *terra*, que surgiu no horizonte histórico aquilo que, com alguma condescendência, se poderia chamar de *esquerda brasileira*. Seu primeiro ato, simbolicamente, foi a fundação do Partido Comunista Brasileiro (PCB), em 1922.

Reunindo, no início, basicamente, de um lado, parcos representantes de um reduzido e heterogêneo operariado de algumas áreas de industrialização incipiente do Sudeste e, de outro, alguns intelectuais que Gramsci qualificaria de *não-orgânicos*, esta esquerda passou realmente a existir ou, pelo menos, a ser assim considerada apenas quando nela ingressaram alguns representantes do *movimento tenentista*, que incendiara o país naquela década e fora parte essencial dos atores e dos eventos do período que desembocou na Revolução de 1930. Estes *tenentes*, quase todos descendentes de famílias oligárquicas decadentes, foram, com sua brilhante formação técnico-científica adquirida nas Escolas Militares fundadas depois da Guerra do Paraguai, o motor que, em aliança com setores esclarecidos das oligarquias periféricas ao Sudeste, pôs em movimento o projeto de inserção do país na Segunda Revolução Industrial. Este projeto foi executado e completado na década de 1970 pelo napoleonismo comandado pela segunda geração de *tenentes*, que haviam se formado ao longo da década de 1930. Quanto à ala esquerda da primeira geração tenentista, personificada por Luís Carlos Prestes, ela ficou indelével e infamantemente marcada pelo desastrado e fracassado *putsch* de 1935 e, como a esquerda civil, quase nenhum papel desempenhou na política brasileira até meados de 1960, quando a caserna saiu às ruas e assumiu diretamente o poder.

Esta situação alterou-se consideravelmente ao final desta mesma década quando, diante das pressões internas e externas, o regime viu-se obrigado a endurecer e vários grupos da esquerda, então formados ou ainda remanescentes das décadas anteriores, mergulharam na clandestinidade e tomaram o caminho da contestação armada. Impiedosamente massacrados e completamente derrotados, tais grupos perderam o rumo e passaram a atuar a reboque da oposição civil ao regime ou voltaram à velha tática da infiltração em sindicatos, igrejas, organizações estudantis etc.

Estes grupos, porém, já não tinham qualquer perspectiva de poder, pois pertenciam a um passado que jamais retornaria. Em menos de duas décadas o Brasil alcançara o patamar da Segunda Revolução Industrial e um outro país nascera, o Brasil da urbanização caótica, da intensa migração interna, da explosão demográfica, dos cinturões fabris, como o ABC com seu operariado moderno, dos transportes rápidos, das comunicações instantâneas, da concentração da renda, da miséria de milhões e do crime em ascensão. Mas também o Brasil de uma classe média próspera, privada e estatal, que nada queria saber de comunismo ou socialismo mas apenas de consumismo e de turismo.

Naqueles dias, para os remanescentes dos grupos de esquerda, o futuro era um paredão negro e instransponível, bem à sua frente. Havia, é verdade, um partido novo em que alguns companheiros desavisados estavam apostando. Mas era um partido *obreirista*, de implícita tendência *social-democrata*, termos que, no léxico totalitário marxista-leninista, são ofensas inomináveis. Inclusive um abonado advogado, ideólogo do minúsculo Partido Revolucionário Comunista (PRC), que depois viria a ser ministro do governo de Luís Inácio Lula da Silva, escrevia panfletos a seu ver incendiários mas que ninguém lia – felizmente, talvez diga ele hoje! – em um boletim clandestino acusando o Partido dos Trabalhadores – este era o nome do novo partido – de *oportunista, populista* e *instrumento da burguesia...*

Mas lá pelo início da segunda metade da década de 1980 os grupelhos da esquerda marxista-leninista perceberam que, do jeito que as coisas iam, não teriam qualquer futuro. E perceberam também que o PT tinha tudo o que eles não tinham: um líder carismático, muitos votos e bom trânsito entre os sindicatos, a Igreja, o funcionalismo público, a classe média (pseudo)ilustrada e os formadores de opinião na mídia. E que eles, os grupos de esquerda, tinham tudo o que o PT não tinha: uma ideologia definida, um projeto de poder e quadros preparados, treinados e experientes. E decidiram então tomar de assalto o partido, operação completada por volta do final da década de 1980. Assim, pensavam os mentores desta bem-sucedida estratégia, aplicando a velha tática leninista dos *dois partidos* – o clandestino e o legal – poderiam logo adiante tomar de assalto o poder pela via eleitoral, como Hitler o fizera, já que a via armada fracassara miseravelmente.

Desde o início da década de 1990, para os raríssimos que no Brasil leram Lênine e o entenderam, o projeto dos grupelhos marxistas-leninistas era claro e óbvio, com suas etapas mais ou menos assim estabelecidas:

1º – Manter o controle férreo sobre o partido, isto é, o PT.

2º – Controlar todos os sindicatos e todas as organizações da chamada *sociedade civil*, expressão que na terminologia marxista-leninista quer dizer mais ou menos "aqueles que não sabem o que queremos".

3º – Utilizar o partido como via de acesso à presidência através do líder carismático.

4º – Transformar o líder carismático em marionete do Partido – agora com maiúscula, porque este já seria marxista-leninista e portanto único e absoluto.

5º – *Aparelhar o Estado*, isto é, ocupar todos os postos-chave da administração pública com militantes e simpatizantes – sempre os famosos *companheiros de viagem*.

6º – Dar o golpe no momento oportuno e transformar o Brasil em uma República sindical-popular de perfil cubano-soviético, mas preservando por algum tempo um pluripartidarismo de fachada.

7º – Finalmente, como última etapa, eliminar a burguesia, os latifundiários e todas as classes proprietárias, instalando o socialismo e o partido único.

Visto assim, depois de tudo o que aconteceu – começando com a queda do Muro de Berlim em 1989 e terminando com o recente apoio de Fernando Collor de Mello à reeleição do presidente –, o plano parece a *summa* do delírio e da loucura, como diria Machado de Assis. No entanto, o plano não só existiu como também vários de seus objetivos tinham sido alcançados ou estavam a ponto de sê-lo. Mas então houve um problema, já que citando Mané Garrincha, nada fora combinado com o adversário. Os mentores do plano sabiam que a parcela, digamos, *ideológica* da oposição jamais aceitaria participar dele: ela conhecia o nome do jogo, não jogaria contra seus próprios interesses e, *last but not least*, não precisava de dinheiro... Então, tendo que manter a aparência de normalidade e ganhar tempo para consolidar os primeiros objetivos, foi necessário literalmente comprar a parte fisiológica da oposição – para dar ao governo maioria no Congresso –, o que, aliás, foi feito de forma não muito diferente do que sempre se fizera nos governos anteriores.

Havia, porém, duas diferenças fundamentais: a dimensão da operação, jamais antes vista ou tentada, e os objetivos dela: o assalto *ao* e o controle *do* Estado. Sim, o plano podia ser, e era, insano e delirante em sua concepção, e só podia sair da cabeça de personagens semelhantes às de *Os possessos*, de Dostoyevski. Mas muito mais insano e delirante o era em sua execução. E foi neste ponto que ele ruiu fragorosamente.

A história desta ruína foi detalhada e repetidamente narrada pelo deputado Roberto Jefferson, do alto de sua indiscutível posição de autoridade no assunto. Resumidamente: o montante das somas envolvidas, a voracidade e o número dos participantes, os interesses conflitantes, a complexidade e o risco das operações exigidas e, finalmente, o próprio propósito totalitário dos que operavam o plano começaram a torná-lo inviável. Pior do que isto, as informações começaram a vazar para oposição ideológica e para a imprensa. E então, diante da iminência de um desastre de proporções catastróficas, foi montada às pressas – sempre segundo a narrativa de Roberto Jefferson – uma operação destinada a encobrir a participação do partido e de membros do governo no plano e a lançar toda a culpa da corrupção sobre o grupo que ficara com os Correios na divisão do botim. Grupo, aliás, que era autoconfessadamente comandado pelo próprio Roberto Jefferson, um advogado criminalista de longo tirocínio na área – cerca de 200 júris. Nada melhor do que dar a palavra ao próprio protagonista:

> Eles queriam que eu afundasse. Mas eles não me conheciam. Eu afundei, mas levei todos junto.

O restante e a continuação da história são tão conhecidos que seria tedioso narrá-los novamente. E quem conhece os sindicatos sabe como eles funcionam no mundo inteiro. E o presidente? Segundo suas próprias palavras, ele nunca foi de esquerda e provavelmente nem sabe o que é *milenarismo totalitário marxista-leninista* – que deve ser coisa lá do Fernando Henrique... Por isto, súmula e símbolo da tragédia de uma sociedade de castas e de um país brutalmente desigual que cresceu mais de 100 milhões de bárbaros em quarenta anos, o presidente habilmente deixou o famoso machado de Bukhárin funcionar, livrou-se dos que atrapalhavam seu caminho, aproximou-se de Delfim Netto, José Sarney, Renan Calheiros, Orestes Quércia, Newton Cardoso e Jáder Barbalho e surfa agora tranquilo sobre o caos, do qual ele faz parte mas que não foi por ele criado. Quanto aos outros – revolucionários delirantes, milenaristas tardios, cristãos desgarrados e enganados, crentes, ingênuos e tolos dos mais variados matizes –, a estes, deixou-os todos a ver estrelas...

Porque, como disse Fernando Pessoa,

> o mundo foi feito para aqueles que nasceram para conquistá-lo e não para aqueles que sonham em fazê-lo, ainda que tenham razão.

Que dirá quando não a têm...

*   *   *

– E o povo? – perguntou o menino.

– O povo – respondeu o velho –, ora, o povo perdoa a quem com ele se parece, como afirmou sabiamente Joaquim Nabuco, senador do Império.

(2006)

II

Brasil: do milagre à tragédia (1964-2004)

> O Lula trouxe o acúmulo de esperanças de muito tempo para um tempo em que elas não podem mais se realizar.
>
> Chico Buarque de Holanda[1]

A velocidade alucinante, a natureza radical e a dimensão gigantesca das transformações pelas quais passou o Brasil na segunda metade do século XX começam apenas agora, no início do novo milênio, e mesmo assim muito tenuemente, a aflorar à consciência da – passe a expressão – elite intelectual do país.

A epígrafe acima, extraída de recente e já famosa entrevista de Chico Buarque de Holanda, é símbolo insuperável e resumo definitivo deste incipiente processo de mergulho no passado próximo em busca das raízes da atual tragédia brasileira. E o é em duas dimensões: como percepção sutil das transformações e como expressão genial da natureza delas. Percepção sutil em sua forma poético-filosófica, com a precisão de um mestre de letras e canções que condensaram o espírito de uma época. Expressão genial na abrangência do conteúdo, fechado e autorreferente como apodítico e implacável retrato de uma geração cuja única grandeza histórica foi apenas a de ser um presente transformado intempestivamente em passado. Porque, como diriam

---

[1] *Folha de São Paulo*, 27-12-2004.

Tucídides e Maquiavel, mesmo no tempo em que elas se acumularam, aquelas esperanças não eram objetivamente realizáveis. Eram apenas mito e utopia. Hoje convenientemente esquecidos.

Mas Chico Buarque de Holanda não é um historiador. Ele é um artista.[2] E aos artistas, como disse Ezra Pound, cabe serem as antenas da raça, que captam o presente e exorcizam o passado. Os historiadores, exorcizando o presente, descrevem o passado, que o é, não raro, apenas para eles, por só eles como tal o perceberem.

Na função de ícone máximo de uma geração, Chico Buarque de Holanda captou o presente. E exorcizou o passado. Os historiadores começam a descrevê-lo. Ele está morto. A noite caiu. A coruja de Minerva já pode alçar seu voo.

Mas "Brasil: do milagre à tragédia (1964-2004)", ainda que possa parecê-lo, não foi como tal planejado. Escrito a partir de outubro de 2004, este ensaio é fruto do acaso. Mal saído do esforço concentrado de cinco anos de trabalho forçado em busca de Jesus de Nazaré e das origens do Ocidente,[3] eu me preparava para redigir um breve texto acadêmico para o Curso de Pós-Graduação em Letras da Universidade Federal do Rio Grande do Sul quando o jornalista Carlos Augusto Bissón solicitou-me um artigo de seis laudas para uma revista[4] do Instituto Estadual do Livro, então dirigido pelo prof. Sergius Gonzaga. Sem refletir, aceitei o pedido, e a seguir me arrependi. Mas era tarde. Logo o artigo evoluiu para um ensaio, e transformar-se--ia em livro se a ele não tivesse posto fim rapidamente. Portanto, ainda que antecipadamente afinado com a mensagem buarquiana, o texto não tem a pretensão de ser um texto de história, não passando disto: um ensaio escrito às pressas e, por isto, precário. Espero, pois, que os leitores, se os houver, sejam benevolentes, tanto em relação a seu formato quanto, principalmente, a suas lacunas.

---

[2] Como Geraldo Vandré, a quem coube entoar o hino *("Quem sabe faz a hora, não espera acontecer...")* que é a síntese insuperável da retórica inconsequente, da rebeldia adolescente e da utopia irredente de uma nação que então mal estava nascendo em alguns poucos grandes aglomerados urbanos da costa, no *crossingover* dos avanços tecnológicos, das transformações internas e das influências externas. Na vida real, quem sabe *não* faz a hora. *Espera* acontecer...

[3] *Eu encontrei Jesus – viagem às origens do Ocidente*. Porto Alegre: Leitura XXI/ EST, 2004.

[4] *Arquipélago*, nº 1.

A história do Brasil dos últimos quarenta anos ainda não foi escrita. Nem o será tão cedo. E por várias razões.

Em primeiro lugar, porque as espantosas, intempestivas e sucessivas transformações econômicas, financeiras, tecnológicas, sociais, políticas e culturais ocorridas no período, com todo seu séquito de incontáveis, complexas e não raro monstruosas consequências, representam material de tal abrangência e de tal magnitude que apenas um gênio – ou pouco menos – multidisciplinar e disciplinado, à semelhança de Euclides da Cunha, poderia abarcá-las em um adequado e fundo corte panorâmico horizontal e vertical.

Em segundo lugar, porque os compromissos ideológicos e as viseiras intelectuais das gerações formadas antes e ao longo do referido arco de tempo impedem o necessário distanciamento e a imprescindível frieza diante da realidade a ser analisada.

Em terceiro lugar, porque a desorganização do sistema de ensino e a perda de conhecimento na área pedagógica – fenômenos que acompanharam, como decorrência, as referidas transformações históricas – reduziram praticamente a zero a possibilidade de que surjam indivíduos com formação suficientemente sólida e suficientemente ampla para perceber, dissecar e descrever o fluido, instável e caleidoscópico cenário brasileiro do período que começou em 1964, quando os militares assumiram o poder.

Em quarto lugar, porque, quando o ritmo das transformações históricas supera em velocidade o ritmo biológico da espécie,[5] os indivíduos tendem, como autodefesa, a se refugiar no passado e a rememorar nostalgicamente seu mundo há muito desaparecido. No Brasil do início deste terceiro milênio, por exemplo, é estranho, quando não patético e deprimente, assistir a "intelectuais" de 55/60 anos, fisicamente ainda hígidos, lançando a culpa de todos os males do mundo sobre a *ditadura militar*, como se naquele período ainda vivessem. De fato, eles *vivem* aquele período e a impressão que se tem ao ouvi-los é a de despencar intempestivamente em meio a uma expedição arqueológica cercada de múmias ambulantes a desfiar monocordicamente seu mantra em uma língua desconhecida a um público formado de sombras do passado.

Em quinto lugar, finalmente, porque para compreender a história das sociedades industriais modernas é absolutamente imprescindível o conhecimento básico das leis econômicas e dos mecanismos financeiros, o que limita ainda mais o espectro das possibilidades do surgimento de alguém capacitado para escrever a história brasileira dos últimos quarenta anos.

Por isso, as observações feitas a seguir sobre a evolução – descendente – do Brasil no *ranking* da economia mundial no período entre 1970 e 2004 não são nem pretendem ser mais do que breves, esparsas e desordenadas anotações feitas às pressas, ainda que elas tenham – disto tenho certeza – o mérito de levantar alguns dos eixos centrais em torno dos quais deveria girar

---

[5] O que recentemente tem se agravado tanto pelo aumento da longevidade quanto pela aceleração do ritmo das mudanças.

uma hipotética, e por ora improvável, *História da economia e da sociedade brasileiras (1950-2000)*.

O mote destas anotações é um conhecido dado estatístico: por volta de meados de 1970, o Brasil era a oitava economia do planeta. Hoje ela é a décima-quinta, tendendo a cair brevemente mais uma ou duas posições. Mas, afinal, o que foi que aconteceu nestas três décadas? Vejamos.

1
O milagre brasileiro

O espetacular crescimento da economia brasileira ocorrido, *grosso modo*, na década de 1970 – o chamado *milagre brasileiro* – foi resultado de um conjunto de fatores obviamente heterogêneos, mas circunstancialmente coincidentes, entre os quais devem ser destacados os seguintes:

1 – O projeto nacional herdado e a disciplina social imposta pelos militares. O primeiro foi – como se fosse necessário recuperar em alguns anos o que fora protelado por quase um século[6] – posto em prática e executado em ritmo alucinante, impulsionado, é claro, por excepcionais condições conjunturais internas e externas favoráveis. A segunda – e seu custo aqui não vem ao caso – eliminou pela raiz as ameaças de caos institucionalnerente ao populismo[7] em seu estertor e, assim fazendo, criou, ou restabeleceu, o clima propício aos investimentos, em particular nas áreas de infraestrutura (energia, comunicações, transportes etc.).

---

[6] Quem conhece história do Brasil sabe que o napoleonismo militar pós-1964 teve suas longínquas raízes nas Escolas Militares criadas depois da Guerra do Paraguai e, *ça va sans dire*, no *movimento tenentista*, do qual foi coroamento e epitáfio.

[7] V. *O colapso do populismo*, de Octavio Ianni. É uma obra impressionante porque, desbordando os aparentes objetivos conscientes do Autor, expõe cruamente a falência da velha ordem e – se assim se pode dizer – explica a inevitabilidade de um governo autoritário.

2 – A enorme disponibilidade de recursos minerais, de matérias primas e de solos férteis em um país de dimensões continentais em parte ainda selvagem, em parte agrário, em parte pré-industrial.

3 – A disponibilidade de fartos recursos financeiros no mercado internacional na primeira metade da década de 1970 – em grande parte resultado direto do substancial aumento dos preços do petróleo e do repentino enriquecimento dos países produtores do Oriente Médio, que num primeiro momento carrearam para os bancos norte-americanos e europeus todos os seus haveres financeiros. A isso deve-se acrescentar a urgente necessidade de expansão das grandes corporações transnacionais num cenário em que – pela maturação de segmentos de ponta típicos da Segunda Revolução Industrial – as oportunidades de investimento em seus países de origem tornavam-se cada vez mais reduzidas.

4 – A existência de grande demanda reprimida por bens e serviços universalmente disponíveis nos países centrais e ainda restritos no Brasil à elite social e econômica (automóveis, televisores, telefone, viagens internacionais etc.). E a impressionante indigência mental da *soi-disante* esquerda brasileira, em particular a intelectual,[8] continua sem entender por que a classe média sempre apoiou o regime militar...

5 – O espetacular aumento da produção e da produtividade como consequência direta da intempestiva mudança de patamar tecnológico. Não é tão simples explicar adequadamente, em poucas palavras, esta terminologia própria de economistas e administradores. Mas é possível, e imprescindível, tentar. Para tanto

---

[8] É melhor não citar nomes – e há vários exemplos clássicos no Rio Grande do Sul –, mas esta "esquerda" intelectual sempre foi integrada – quando não por vigaristas – por ingênuos, ignorantes ou mentalmente deficientes.

é necessário, primeiro, definir o que é *produção*, *produtividade* e *patamar tecnológico* e, segundo, fornecer alguns exemplos simples de tais conceitos.

a – O sentido dos termos

Produção é o resultado final, ou total, de uma atividade econômica qualquer. Assim, se um plantador de soja colhe 1000 sacas em sua lavoura, esta cifra é sua *produção*, não importando a quantidade de terra semeada e de insumos (sementes, adubos etc.) e mão de obra utilizados para obter tal resultado. *Produção*, portanto, é um valor absoluto.

Produtividade é – utilizando o mesmo exemplo acima – a relação entre a *quantidade* de terra semeada e de insumos e mão de obra utilizados e a *quantidade* de produto obtido. Assim, se o referido plantador de soja utilizou em dois anos consecutivos a mesma quantidade de terra semeada e de insumos e mão de obra e no segundo ano colheu não 1000 mas 1200 sacas de produto, diz-se que a produtividade de sua lavoura aumentou 20% de um ano para outro. Por que ocorreu este aumento de produtividade? Em princípio não se sabe nem importa a causa. Pode ter sido pela incidência, isoladamente ou em conjunto, de fatores como treinamento da mão de obra, melhores sementes, condições climáticas mais favoráveis etc. A *produtividade* é, pois, uma *relação*. Por isso, se no terceiro ano, por exemplo, o referido plantador reduzir em 50% a quantidade de terra semeada e de insumos e mão de obra utilizados e colher apenas 600 sacas do produto, diz-se que a produção caiu em 50% ($1200 \div 2 = 600$). Contudo, sua *produtividade* em relação ao primeiro ano manteve-se estável (aumento de 20% na proporção de terra semeada e de mão de obra e insumos utilizados).

Patamar tecnológico é o *tipo*, ou natureza, dos instrumentos – animais, mão de obra humana, máquinas etc. – utilizados para produzir em uma atividade econômica qualquer. Por exemplo, na década de 1950 ainda se lavrava a terra com bois ou cavalos, se plantava trigo a lanço (atirando com a mão) e se colhia a foicinha, se debulhava feijão a mangual etc. Hoje – aliás, há décadas – quase ninguém mais trabalha assim no Brasil.[9] Ara-se com tratores, planta-se com plantadeiras tracionadas, colhe-se e debulha-se com ceifadeiras automotrizes etc. Esta *mudança de técnicas de trabalho* é a passagem de um *patamar tecnológico* para outro. No caso referido, passou-se da milenar agricultura camponesa tradicional da era pré-industrial para a agricultura mecanizada da era industrial.

b – As consequências

Mesmo para quem conhece história e economia, é difícil avaliar objetivamente a real dimensão do fenômeno e o nível do impacto resultante da intempestiva e global inserção do Brasil na era da Segunda Revolução Industrial na década de 1970. Foi um cataclisma de proporções tão gigantescas que no século XX só encontra paralelos – com características diferentes, é evidente – nos Estados Unidos depois da Guerra da Secessão e na Rússia de 1920-1940. É esta a história que ainda não foi escrita e que tão cedo não o será.

Mas, permanecendo no restrito campo da economia, é essencial perceber que o chamado *milagre brasileiro* resultou de uma radical e quase instantânea mudança de patamar tecnológico, pela qual um país de dimensões continentais, quase

---

[9] Evidentemente, mesmo no Sul e no Sudeste – para nem falar no Norte e no Nordeste – este tipo de agricultura ainda existe. Mas ela já é *residual*. Isto é, já não é o *modo de produção dominante* nem, muito menos, tem a importância econômica que antes tinha.

totalmente agrário, primitivo e em grande parte virgem e desconhecido, saltou em poucos anos da pré-história para a era do petróleo, do aço, da energia elétrica, do motor a explosão, dos transportes rápidos e das comunicações internacionais. Este salto quase do nada para a Segunda Revolução Industrial materializou-se – em termos especificamente econômicos – no aumento da produção e da produtividade em níveis e em índices, respectivamente, sem precedentes e quase inimagináveis, os quais, apesar de seguramente subdimensionados, estão evidentes nas séries históricas dos indicadores econômicos do IBGE, da Fundação Getúlio Vargas e de outras instituições semelhantes. Foi então que o Brasil alcançou o espantoso oitavo lugar no *ranking* das economias do planeta. Mas o que aconteceu depois? E o que caracterizou a perversa *década perdida*?

2
1980-1994: caos e rapina

Sim, a história recente do Brasil ainda não foi contada. Em particular, a história daquela, por alguns ângulos, fascinante e, por outros, perversa *década perdida*, que vai do início dos anos de 1980 até o Plano Real. Não por nada os executivos financeiros brasileiros estão hoje entre os melhores do mundo. Naqueles anos terríveis, o Brasil foi laboratório e cobaia em um cenário em que reinavam absolutos a desordem, a rapina e o caos. Compreender aquele período é condição indispensável para compreender o Brasil na virada do milênio. Lá estão as origens do mal. Mal inevitável, é claro – como tudo na História –, mas tão fértil em consequências deletérias qual a caixa de Pândora. Mas, afinal, o que caracterizou a *década perdida*?

Em síntese quase telegráfica, podem ser listados – entre outros possíveis – os seguintes itens fundamentais:

1 – *Desaceleração econômica*. Este é um fenômeno clássico e uma constatação elementar: não há crescimento econômico a taxas altíssimas por longos períodos de tempo. É da natureza do próprio processo econômico. Um exemplo simples pode esclarecer o que aconteceu no Brasil na virada da década de 1970 para a de 1980. Se um agricultor num momento x – que chamaremos de *ano 0* – possui uma área de terra que pouco ou nada produz e num momento y – que chamaremos de *ano 1* – investe nela pesadamente, a produção e a produtividade desta área darão um salto vertical, ou quase, passando de valores nulos, ou quase nulos, a valores altíssimos em relação aos anteriores. Assim, se no *ano 0* a produção era de 50 unidades de produto e no *ano 1* ela atingir 500 unidades do mesmo produto, tanto a produção quanto a produtividade daquela área de terra terão dado, ambas, um salto de 900% em apenas um ano. E se este mesmo agricultor, num momento z – que chamaremos de *ano 2* –, continuar investindo na mesma área de terra, provavelmente obterá um retorno superior a 500 unidades de produto. Contudo, é absolutamente certo que o percentual de aumento da produção e o do índice de produtividade no *ano 2* em relação ao *ano 1* serão muitíssimo inferiores aos do *ano 1* em relação ao *ano 0*. Por quê? Pelo óbvio – que em economia não é tão óbvio mas que pode ser simplificadamente assim resumido: numa determinada área e num mesmo patamar tecnológico, depois de utilizados mais ou menos adequadamente todos os insumos, o aumento da produção e os ganhos de produtividade tenderão a ser reduzidos em dimensão e a ser lentos em sua implementação. Foi exatamente isso que aconteceu no final do *milagre brasileiro*: a repentina ampliação das fronteiras agrícolas, a rápida e intensa absorção de novas e avançadas tecnologias de produção, a vultosa disponibilidade

de financiamento em várias áreas, a mão de obra barata e a utilização da capacidade ociosa pré-existente na agricultura e na indústria, bem como os ganhos de escala[10] resultantes do atendimento da grande demanda reprimida em vários setores, catapultaram o crescimento da economia brasileira a índices jamais antes vistos e que, possivelmente, jamais serão repetidos no futuro.[11] E, logo a seguir, veio a desaceleração. É da natureza do processo, como já foi dito e exemplificado. Como o é também, em situações tais, o acirramento crescente do conflito entre os agentes econômicos, que passam a guerrear ferozmente entre si para decidir quem perderá menos no processo de desaceleração/estagnação do crescimento. Afinal, em casa em que não há pão, todos gritam e ninguém tem razão. Estava assim montado o cenário estrutural da *década perdida*.

2 – *O esgotamento do projeto militar.* Gestado no final do século XIX, nas Escolas Militares, apresentado ao mundo nas primeiras décadas do século XX pelas rebeliões tenentistas, absorvido por Vargas na Revolução de 1930 e redefinido pelo juscelinismo na década de 1950, o projeto de modernização e industrialização do Brasil foi efetivamente executado e levado às últimas consequências pelo napoleonismo militar pós-1964. Por volta de 1980, o Brasil saltara definitivamente para o patamar da Segunda Revolução Industrial e o projeto militar, já implementado, esgotara-se. Um ciclo histórico chegara ao fim, simbolicamente expresso com perfeição no desejo do último general-presidente: "Quero que me esqueçam!" E nada havia para preencher o vácuo. A não ser o caos que já se prenunciava. Este era o cenário gerencial.

---

[10] *Ganhos de escala*, em termos simplificados, é a redução dos custos de fabricação de uma unidade de produto pelo fato de tal produto passar a ser produzido em grande quantidade (escala).

[11] A China dos últimos cinco anos apresenta um cenário similar ao do Brasil da época do *milagre*, ainda que, é claro, num outro contexto e com características muito diferentes.

3 – *A pressão externa.* Executada por militares no auge da Guerra Fria entre o Leste e o Oeste, no contexto geopolítico mundial pós-1945, marcado pelo desaparecimento da velha Europa, pela rápida descolonização e pela Conferência de Bandung, a inserção forçada do Brasil na Segunda Revolução Industrial gerou um inesperado – e taticamente decisivo – efeito colateral, ao qual, por motivos compreensíveis, quase não se fazem referências: a ação desencadeada pelos Estados Unidos com o objetivo de afastar os militares do poder, ação provocada pelo temor de um acidente nasserista/nacionalista no continente, com suas graves e imprevisíveis consequências. O temor era fundado, como o haviam comprovado as iniciativas dos militares no período Geisel, em vários setores (política externa, política nuclear etc.). Esta foi a real mola propulsora da "política de direitos humanos" patrocinada pelo casal Jimmy e Rosalyn Carter, simpáticos e competentíssimos operadores da política imperial norte--americana em sua versão democrata: depois da CIA, a sutileza fria. Os militares, limitados pelas viseiras ideológicas do anticomunismo de caserna, sentindo-se traídos, mostraram-se perplexos e amargurados. E nada entenderam. O maniqueísmo simplório da Guerra Fria era seu elemento natural. O xadrez da tortuosa estratégia imperial do Departamento de Estado estava acima do poder de compreensão de suas mentes. E das de muitos outros. Este era o cenário geopolítico.

4 – *A pressão interna.* Aproveitando o contexto favorável, sorrateiras, vindas de todos os quadrantes ideológicos e de variadas eras históricas, as velhas raposas políticas apeadas do poder pelos militares em 1964/68 começaram então a movimentar-se, avançando rumo à porta já quase arrombada do galinheiro, acolitadas sempre pelos eternos inocentes-úteis e descerebrados da esquerda colonizada, reforçada já à época por levas de cristãos desarvorados e perdidos diante do ritmo alucinante das

transformações históricas. E das entranhas de uma sociedade jovem e sem norte, desarticulada, abalada e convulsionada por uma década e meia de mudanças rápidas, começou a nascer então, paradoxalmente, não o futuro mas o passado. E o caos seria o preço a pagar.

5 – *O vácuo político.* A retirada dos militares, a pressão externa, a pressão interna e o retorno da classe política anterior desenhou o pior cenário possível, à parte guerras e convulsões intestinas: uma sociedade em estado de anomia marchando de volta para o passado. As velhas lideranças políticas ressuscitadas, porque o ritmo biológico da espécie fora brutalmente atropelado pelo ritmo das intempestivas transformações históricas, nada mais tinham a fazer em um mundo que não era mais o seu e que elas não mais podiam entender. Elas eram apenas parte do vácuo. E diante deste, qual manada sem rumo, a sociedade estourou, dividiu-se em lotes e desintegrou-se, buscando cada qual seu próprio caminho e defendendo seus próprios interesses. Foi a era de ouro do corporativismo, sina fatal e última de tais processos, ao longo dos quais o sentimento de coletividade se esgarça, se dilui e finalmente desaparece.

6 – *O caos econômico.* O vácuo político e a desintegração social desembocaram imediatamente no caos econômico, materializado no longo e não raro agudo processo inflacionário que marcou o período. Como se sabe, a inflação é o mais deletério e perverso agente de desagregação social e política e é sempre o sintoma de uma surda e incruenta mas generalizada e implacável guerra social. Como escrevi em outro lugar,[12] um processo inflacionário como o brasileiro de 1980 a 1994 caracteriza um tempo "em que os pactos se dissolvem e os ardis se instauram como únicos instrumentos de poder".

---

[12] *A era dos espertos.* Porto Alegre: Soles, 1997. V. *Adendo*, p. 53.

É impossível analisar, ainda que sucintamente, esta questão, mas, no que aqui importa, basta lembrar as duas consequências econômicas mais visíveis do cenário que marcou o referido período da história brasileira:

– concentração de renda em níveis jamais vistos antes no país, com a consequente miserabilização de amplas faixas dos grupos sociais de renda mais baixa;

– profunda desorganização e completa estagnação do sistema produtivo, fenômenos que, como se verá logo a seguir, tiveram peso decisivo na perda de posições pelo Brasil no *ranking* da economia mundial.

7 – A Constituição nefelibata. Infelizmente, também não surgirá tão cedo um Euclides da Cunha ou, pelo menos, um Octavio Ianni para escrever a história da espantosa década de 1980, que terminou em 1994, e para dissecar impiedosamente a dialética infernal entre a guerra social sem quartel então em curso e o assombroso e maléfico voluntarismo político dos constituintes de 1986. O cenário é digno de um Shakespeare, de um Quevedo, de um Balzac! Enquanto embaixo grassava a guerra, em cima a elite – com a esquerda e a direita em indecente mas coerente conúbio – aliava-se para vampirizar o Estado ao melhor estilo ibérico, ignorando convenientemente que é o contribuinte que paga tudo! E então nasceu, como *Ersatz* para o caos, a Constituição nefelibata de 1988, moldada segundo a visão ideal e surreal de um mundo perfeito em que todos têm tudo e ninguém paga nada![13] Se no mundo real é tudo ao contrário,

---

[13] Apenas para citar um entre tantos exemplos possíveis: enquanto a expectativa média de vida estava – e está – aumentando rapidamente, os constituintes de 1986 resolveram reduzir o limite de idade para as aposentadorias, como se vivessem num país de faz de conta!
Outro caso impressionante foi o da manutenção das aposentadorias públicas integrais. Nos países mais ricos da Europa – como Alemanha, França, Itália e Espanha, por exemplo – seu valor máximo varia de U$ 2.500 a U$ 4.000. Estabelecida uma paridade de U$ 1/R$ 3, no Brasil há aposentadorias públicas que alcançam U$10.000! Ou até mais! Mesmo que estes

quem estava então interessado nisso? O resultado foi desastro-so: a incapacitação do Estado, que, vampirizado – em seus três níveis – por *grupos, castas* e *classes* internos, passou a não ter mais condições de realizar grandes investimentos públicos – os quais, por definição, beneficiam a população como um todo –, limitando-se à função precípua de escorchar o contribuinte em benefício daqueles mesmos *grupos, castas* e *classes*.[14]

Nesse cenário fantástico, a Constituição de 1988 só pode-ria transformar-se em seu oposto: mais uma trava para a mo-dernização da sociedade brasileira. E talvez cinquenta anos não sejam suficientes para desfazer seus malefícios.[15]

8 – *A manutenção e a ampliação do entulho legal trabalhista* herdado do Estado Novo e do período populista. No passado, num contexto de industrialização incipiente e desordenada, esta legislação servira, realmente, de proteção ao trabalhador. No contexto de uma sociedade que já se elevara ao patamar da

---

valores representem casos isolados, geralmente resultantes de golpes "legais" ou do acúmu-lo de duas a até cinco aposentadorias, devem se elevar a muitas dezenas de milhares os casos de valores superiores a U\$ 4.000, somando-se União, Estados e Municípios. Tais valores já são absurdos se forem comparados apenas os PIBs e a renda *per capita* dos países em questão. Mas a exata dimensão do desastre só é percebida quando se compara a distribuição de renda – que no Brasil tem perfil africano – e o custo de vida, particularmente da alimen-tação – que nos países europeus é altíssimo.

É verdade que a recente reforma da Previdência – indiscutível, ainda que único, mérito do governo do PT – tentou alterar este cenário. Contudo, mesmo que as mudanças aprovadas venham a ser aplicadas integralmente, elas foram tão tímidas e contemporizadoras que seu impacto positivo, no caso das aposentadorias públicas, só será sentido efetivamente dentro de duas a três décadas. Por isto já se fala na necessidade de uma nova reforma.

[14] As grandes privatizações da década de 1990, mesmo que nem sempre bem conduzidas, servi-ram pelo menos, entre outras coisas, para reduzir o peso desta estatocracia, herdada do período militar.

[15] Um deles seria cômico, se não fosse trágico em seus resultados, hoje cada vez mais evi-dentes, tanto na União quanto nos Estados. Distorcendo e deturpando vergonhosamente o princípio montesquieuano da independência dos três poderes, a Constituição de 1988 esta-beleceu a autonomia orçamentária e salarial do Legislativo e do Judiciário, como se eles ti-vessem receitas próprias e não dependessem dos recursos arrecadados pelo Executivo. Com isto, foi ampliado escandalosamente o já então existente fosso salarial dentro do próprio setor público. Como é o contribuinte que paga tudo, poucos se interessaram pelo assunto...

Segunda Revolução Industrial, esta legislação representou mais um desastre a somar-se aos demais do período. Enxundiosa, complexa, paternalista, irrealista e demagógica, ela aumentou o trabalho informal, estimulou a absorção, pelas empresas, de tecnologia poupadora de mão de obra e criou entraves aos empreendimentos de pequeno e médio porte, reduzindo ainda mais a abertura de novos postos de trabalho na agricultura, na indústria e no setor de serviços.

9 – *A urbanização acelerada*. Fenômeno iniciado nas décadas de 1930/40 e intensificado na de 1950, o processo de urbanização da sociedade brasileira adquiriu a seguir um ritmo vertiginoso. Na década de 1960, cerca de 80% da população viviam no campo e 20% nas cidades. Por volta de meados da década de 1980, a situação se alterara radicalmente e a proporção se invertera: cerca de 80% da população haviam passado a viver nas cidades e apenas 20% continuavam a viver no campo. Os números variam de acordo com a metodologia aplicada,[16] mas hoje, em termos estritos, a população rural brasileira não deve ultrapassar 15% do total. Mudanças de tal magnitude e em tão curto espaço de tempo causam profundo e violento impacto sobre a sociedade. E assim foi. Para percebê-lo, basta olhar em torno e ler as páginas policiais dos jornais.

10 – *A explosão demográfica*. Um dos fenômenos mais impressionantes e assustadores da história brasileira das últimas décadas é o da explosão demográfica. As cifras são estarrecedoras: entre meados da década de 1960 e o ano de 2000, a população brasileira cresceu cerca de cem milhões de habitantes. Isso mesmo: 100.000.000! Quando ouvem tal cifra, as pessoas parecem não dar-se conta da dimensão e do desastre que ela representa.

---

[16] Alguns, por exemplo, adotam o fator *população* para definir se um aglomerado é urbano ou não. Outros o fator *serviços* (luz, água, telefone etc.). E assim por diante.

Elas apenas começam a prestar atenção quando se faz a comparação: cem milhões representam uma Alemanha reunificada mais dois Chiles; ou oito Chiles; ou cerca de três Argentinas; ou uma França e meia; ou mais de uma Itália e meia! Como se esses números frios não bastassem para dimensionar o cataclisma, é necessário lembrar que, a partir de meados da década de 1970, o crescimento da população brasileira ocorreu basicamente apenas nos estratos inferiores da pirâmide social – da baixa classe média para baixo –, enquanto que nos estratos superiores – classes média, média-alta e rica – ele tendia a reduzir-se rapidamente, chegando hoje a ser nulo ou até negativo nas faixas de renda mais elevada.[17] As causas deste fenômeno e de sua progressiva distribuição desigual entre as diversas faixas de renda são várias, variadas e complexas. De qualquer forma, algumas podem ser facilmente identificáveis, tanto entre as que favoreceram a explosão demográfica quanto entre as que tenderam a freá-la.

– Entre as causas que favoreceram a explosão demográfica, estão o projeto militar (o *Brasil-potência* do período pós-64), a estratégia, demente ou não, da esquerda (quanto mais pobres, melhor!), a posição retrógrada da Igreja católica (crescei e multiplicai-vos!), a disseminação dos antibióticos e outros fármacos (a mortalidade neonatal e infantil caiu verticalmente), a melhoria das condições de educação, saúde, alimentação e habitação (resultado da urbanização), o aumento da expectativa média de vida (os velhos não morrem mais!) etc.

– Entre as causa que tenderam a frear o crescimento demográfico, podem ser citadas a descoberta de métodos contraceptivos de alta eficácia (pílula, DIU, implantes etc.), a universalização

---

[17] O fenômeno já era visível em meados da década de 1970. V. meu artigo *O menor, a natalidade e a economia* in *Correio do Povo* de 16 de junho de 1974. No entanto, apenas em 2004 o tema passou a ser pauta de jornais e revistas de circulação nacional.

da educação e a disseminação da informação via meios de comunicação de massa, a legalização de procedimentos como a vasectomia e a laqueadura de trompas (até poucos anos atrás, ambos estavam enquadrados no Código Penal como *crimes de mutilação*), a laicização da sociedade (a Igreja católica perde influência), os custos crescentes da educação (educar um filho é caro!), o hedonismo da sociedade urbano-industrial (muitos filhos incomodam e tiram a liberdade!) etc.

11 – *A tecnologia capital-intensiva.* O ingresso definitivo do Brasil na era da Segunda Revolução Industrial, nos anos de 1970, foi um dos fatores fundamentais que se somaram para moldar o cenário da *década perdida*. Por quê? Porque, a partir do início da década de 1980, o explosivo crescimento demográfico e a absorção de tecnologia capital-intensiva – característica da Segunda Revolução Industrial – aliaram-se conjunturalmente para formar a mais perversa das combinações que uma sociedade pode enfrentar em tempos de paz: oferta abundante de mão-de-obra e adoção acelerada de tecnologias que a dispensam! Como efeito, apenas para dar dois exemplos simples, uma ceifadeira automotriz e uma grande caçamba realizam em algumas horas tarefas que exigiriam o trabalho de centenas de homens durante dias!

12 – *A mulher no mercado de trabalho.* Contudo, como isto não bastasse, à abundância de mão de obra e à adoção de tecnologias que a dispensavam veio juntar-se, para ampliar o desastre, outra consequência da ascensão do Brasil ao patamar da Segunda Revolução Industrial (e dos fenômenos dela decorrentes):[18] a entrada maciça da mulher no mercado de trabalho, no qual ela passou a disputar, palmo a palmo, em quase todos os setores,

---

[18] Modernização dos processos produtivos, ampliação do setor de serviços, novos parâmetros comportamentais, igualdade entre os sexos etc.

os parcos empregos existentes. Ao contrário do que ocorrera na Europa, na Rússia e nos Estados Unidos nas duas grandes guerras do século XX, no Brasil as mulheres não substituíram os homens que tinham ido para a frente da batalha. Aqui, elas simplesmente somaram-se aos homens nos postos de trabalho e/ou no desemprego.

13 – *A desorganização do sistema de ensino.* Para fechar o séquito de horrores que caracterizou a *década perdida*, a explosão demográfica, a universalização da escolarização – exigência das sociedades urbano-industriais – em ritmo acelerado e em condições de descontrole, a equivocada "modernização" pedagógica,[19] a desintegração do sistema anterior de ensino, a perda de conhecimento, a fuga de quadros competentes do magistério para áreas melhor remuneradas – com a consequente redução do nível ético e técnico do mesmo –, a decorrente deterioração progressiva da formação de professores, a mudança dos padrões de comportamento familiar e social, o crescimento vertiginoso da pobreza e outros fatores associados levaram o caos ao sistema brasileiro de ensino praticamente em sua totalidade no exato e crítico momento em que, pela mudança de patamar tecnológico, a qualificação profissional – em todas as áreas e em todos os níveis – se tornava exigência básica e condição imprescindível para entrar no mercado de trabalho. Por isso, a partir da década de 1970, e cada vez mais hoje, não são raras as situações em que sobram postos de trabalho e faltam candidatos aptos a ocupá-los.

14 – *A monetarização da economia e a inserção no mercado mundial.* Um dos produtos mais paradigmáticos – ainda que

---

[19] Na família, na escola e em todos os setores, um país jovem e desigual como o Brasil necessita de mais disciplina e não de mais liberdade se pretender civilizar-se. Tudo ao contrário das teorias pedagógicas "liberais" divulgadas e aplicadas a partir de então. Civilização é repressão e o Brasil é hoje um impressionante exemplo dos efeitos deletérios do desrespeito a esta elementar verdade antropológica.

assim não percebido – da no início referida discrepância entre o ritmo das transformações históricas e o ritmo biológico da espécie é a adamantina crença dos economistas brasileiros de esquerda, os chamados *desenvolvimentistas*, de que a inflação é benéfica ao desenvolvimento, de que os juros altos são produto do saco de maldades de FHC – e, agora, de Lula – e de que ambos são aliados dos banqueiros! Os que pensam assim nem sempre são petistas intelectualmente limitados e ideologicamente delirantes. Alguns deles, pelo contrário, possuem alta qualificação técnica. Contudo, formados entre 1940 e 1970, eles são incapazes de perceber que o Brasil que eles imaginam ainda existir desapareceu completamente há mais de três décadas, tragado pelo vórtice das revoluções tecnológicas sucessivas ocorridas a partir do fim da primeira metade do século XX. O Brasil do período de juventude e de formação destes economistas era um país agrário, em grande parte pré-mercantil, pouco industrializado, com reduzida participação no mercado internacional, com um sistema financeiro rudimentar etc. Num país assim, caracterizado, na maior parte das regiões, pela agricultura de subsistência, pela precariedade ou pela inexistência dos meios de comunicação e transporte, pela urbanização apenas incipiente, pelo baixo índice de alfabetização e informação e por uma economia pouco monetarizada,[20] foi possível durante alguns anos, na década de 1950, financiar a industrialização através da emissão desordenada de papel-moeda.[21] Afinal, naquelas remotas eras, grande parte da população brasileira vivia no campo ou em

---

[20] Isto é, na qual a moeda era rara, o ritmo das trocas era lento e o escambo ainda era comum.

[21] A inflação daí decorrente representou um processo *de acumulação primitiva de capital*, que, como *poupança forçada*, permitiu ao Estado financiar grandes investimentos em infraestrutura. Algo semelhante ocorreu na década de 1970, sob o regime militar. Há uma diferença fundamental, contudo, entre os dois períodos: na década de 70, a *acumulação primitiva*, ou *poupança forçada*, não teve a inflação como agente propulsor. Os instrumentos utilizados foram outros.

regiões remotas e levava meses ou até anos para perceber e/ou sofrer os efeitos de decisões econômicas do governo. E boa parte nem mesmo era afetada por elas. Afinal, galinhas, vacas e porcos nada sabem sobre inflação e carestia e não aumentavam o preço dos ovos, do leite, da banha etc... Mas esse Brasil de que os *desenvolvimentistas* continuam falando desapareceu para sempre nas brumas da História. Para o bem ou para o mal, mas o fato é que, eles próprios à parte, dele nada, ou quase nada, restou. E hoje o índice de inflação do mês, a taxa de juros estabelecida pelo Banco Central, o preço do *bushel* da soja em Chicago e o aumento do preço do barril de petróleo em Nova Iorque têm repercussão instantânea nos mais remotos grotões do país. É o Brasil *on-line* atropelando inapelavelmente os retardatários e os nostálgicos de um mundo tão extinto quanto os dinossauros. Os *desenvolvimentistas* tinham razão em sua época. Eram parte dela, eram *orgânicos*. Hoje são fósseis em um museu de arqueologia. Eles não têm culpa. Nem FHC. Muito menos Lula e Henrique Meirelles!...[22]

---

[22] O tema é um dos mais complexos da atual conjuntura econômica brasileira, mas os juros altos são produto, basicamente, de dois fatores: os *esqueletos*, isto é, as consequências, herdados da *década perdida,* e a dívida pública interna, a qual, por sua vez, é decorrência do elevado custo da máquina pública, da Constituição nefelibata de 1988, do descontrole administrativo etc. Como qualquer pessoa, família ou empresa, um governo que gasta mais do que ganha também vai à falência! Ou recorre continua e crescentemente a empréstimos, à elevação dos impostos e/ou, no limite, ao calote, com todas as suas desastrosas consequências.

3
Perdendo o trem da História

Diante do cenário, apresentado acima em rápidas pincela-
das, da economia e da sociedade brasileiras entre 1980 e 1994,
não é exagero afirmar que neste período o Brasil perdeu o trem
da História. Pois enquanto naquela década e meia os países altamente industrializados e os *tigres asiáticos* preparavam o salto
para elevar-se ao patamar da Terceira Revolução Industrial,[23]
no qual se encontram hoje, o Brasil regredia economicamente
no contexto mundial, desintegrava-se socialmente e criava uma
subnação de milhões de párias e miseráveis. A prova mais contundente, e até patética, do monstruoso desastre ocorrido na *década perdida* é que hoje o Brasil se destaca internacionalmente
no agro-negócio, uma atividade que – à parte a modernização
dos processos produtivos – já era responsável pela prosperidade
do Egito e da Mesopotâmia há três ou quatro milênios atrás...

4
Recuperando o tempo perdido

"O Brasil não é para principiantes" – disse Tom Jobim.
Nem para amadores. E muito menos para otimistas. De fato, é
difícil ser otimista diante do quadro terrível e assustador que se
desenhou a partir dos inícios da década de 1980 – quadro relativamente estabilizado, mas não revertido, nos últimos dez anos.
É difícil também ser otimista diante dos infindáveis cinturões
de miséria das cidades do Sul e do Sudeste – para não falar das

---

[23] Da biotecnologia, da microeletrônica, da informática, da robótica, da química fina, dos
materiais novos etc.

demais regiões – e diante dos monstruosos e crescentes índices de criminalidade. Pois tudo indica que, se nada for feito nos próximos dez ou vinte anos, o Brasil corre o risco de desintegrar-se antes mesmo de alcançar o patamar de uma sociedade moderna e estável.

De qualquer forma, para que o Brasil não perca definitivamente o trem da História e não se transforme – em parte já o é – numa sociedade cada vez mais violenta, caótica e desagregada, sem presente nem futuro, o que seria necessário urgentemente fazer?

A lista de tarefas imprescindíveis para tanto seria provavelmente muito mais longa e de natureza muito mais complexa que a dos doze trabalhos de Hércules... Mas algumas destas tarefas, entre outras, são fundamentais:

1 – Defesa contínua e manutenção intransigente da estabilidade monetária. Nas sociedades industriais modernas – nas quais a moeda é mediador universal das trocas no mercado – a estabilidade monetária transformou-se no pacto civilizatório básico e em marco indesbordável nos conflitos e nas negociações entre os agentes econômicos e os grupos sociais. Não é tão fácil explicar esse elementar e óbvio dogma econômico – que os *desenvolvimentistas* se recusam a aceitar. Mas aqui é suficiente lembrar que a estabilidade monetária é a craveira que permite à sociedade – mais, que dela exige – ver-se no espelho sem máscaras e sem disfarces. Por quê? Porque a moeda estável é o implacável parâmetro da realidade: a quantidade que dela, da moeda, cada indivíduo possui é o número que indica a posição exata que cada um e que todos ocupam na pirâmide de rendas. A moeda estável é o espelho de cristal que permite dizer, com precisão absoluta e com total segurança, se ela, a sociedade, é justa ou injusta, igualitária ou desigual, viável ou inviável. E que

permite à sociedade também calcular os riscos e os custos de fazer as mudanças necessárias. E os riscos e os custos de não fazê-las. Em resumo, sem moeda estável não há sociedade estável. Nem a possibilidade de fazer – ou não – reformas. Sem moeda estável só há barbárie.

2 – Elaboração e execução de projetos e programas de alto impacto que partam do pressuposto de que a tragédia brasileira não tem causas econômicas mas, sim, demográficas e educacionais. Por quê?

– Porque o Brasil não é um país como o Haiti e a Somália e possui, em termos econômicos, tanto os recursos naturais quanto a capacidade produtiva de gerar a riqueza necessária para integrar à sociedade, pelo menos em termos mínimos, as parcelas marginalizadas da população.

– Porque o Brasil necessita urgentemente de uma *moratória demográfica*. Seria necessário pelo menos um longo ensaio para explicar o fenômeno, mas já foi comprovado à saciedade que o simples crescimento econômico não soluciona o dramático problema da exclusão social e da miséria no Brasil. E que o crescimento demográfico é um terrível agravante, principalmente pelas faixas de renda em que ele ocorre e pelo atual patamar tecnológico da produção no Brasil.[24] É estarrecedor que sucessivos governos tenham pretendido e pretendam enfrentar a tragédia demográfico-social brasileira distribuindo dinheiro e cestas básicas, medidas que, além de inócuas, são contraproducentes a médio e longo prazos. Enquanto isto, a sociedade como um todo paga tudo, seja financiando com seus impostos estes programas demagógicos, seja enfrentando a insegurança, a violência e o crime.

– Porque, como já dizia Anísio Teixeira na década de 1940, a educação de seu povo é o único caminho que o Brasil pode

---

[24] V. a seguir.

trilhar para transformar-se em uma sociedade mais igualitária e estável. Todos os demais não passam de utopia, demagogia, irresponsabilidade ou ignorância. A educação deve ser o projeto estratégico fundamental das próximas décadas. O crescimento econômico por si só nada resolve. E acoplado ao crescimento demográfico apenas amplia a dimensão do desastre. Numa sociedade de tradição ibérica, estatista e patrimonialista só a educação pode – e mesmo assim em prazo de médio a longo – levar à redução das brutais disparidades sociais, item em que o Brasil está em posição similar à de algumas das mais pobres nações africanas.

A utopia marxista-leninista foi para a lata do lixo da História. E não há exemplo de que alguma vez os privilegiados tenham aberto mão graciosamente de seus privilégios. Por isto, nas sociedades industriais modernas a educação é a alavanca por excelência da igualdade. E só ela rima com *revolução*.

3 – Investimento maciço no ensino fundamental e médio. Porque o mundo mudou radicalmente e a mão de obra desqualificada quase não encontra mais emprego. A força de trabalho – entendida como *força física* – tem importância apenas residual nas sociedades industriais do presente. E terá menos importância ainda no futuro. As alternativas, portanto, são óbvias e excludentes: ou a integração via educação ou a formação de uma subnação de desempregados e excluídos, cujo custo – de variada natureza – será pago, evidentemente, pela sociedade como um todo.

4 – Formulação e execução de um programa radical que – aliando educação, informação e disponibilização universal de todos os métodos preventivos e não-abortivos de contracepção[25]

---

[25] *Hormonais* (pílula, pílula do dia seguinte, injetáveis, implantes etc.), *não-hormonais* (DIU, preservativos masculino e feminino e diafragma) e *definitivos* (laqueadura e vasectomia).

– faça com que em alguns anos a taxa de fecundidade[26] dos grupos sociais de renda mais baixa seja semelhante àquela hoje já encontrada entre os grupos sociais de renda média e superior. É impossível analisar aqui, mesmo rapidamente, os aspectos econômicos, sociais e políticos desta questão crucial para o país. Mas uma coisa é certa: se não forem tomadas urgentes e drásticas medidas nesta área, dentro de meio século cerca de 50% da população brasileira – isto é, de 120 a 140 milhões – será formada de pobres, párias, miseráveis e indigentes, configurando um desastre irreversível. Pois, como já foi dito acima, estes não encontram mais lugar nas sociedades industriais modernas, que – ao contrário das do passado – não mais necessitam de um proletariado como *exército de reserva* de mão de obra.

5 – Redução de papel do Estado. A história do século XX mostra que todas as nações de industrialização tardia – em relação às europeias e aos Estados Unidos – passaram, independentemente do sistema (capitalista ou planificado), *grosso modo*, por duas etapas:

– Na primeira, o Estado atua, como operador político e agente econômico, diretamente sobre o processo de modernização.

– Na segunda, o Estado, por várias e variadas razões – dificuldades de autofinanciamento, inadequação gerencial, complexidade estrutural etc. –, tende a reduzir ou mesmo a liquidar sua função de agente econômico direto e a atuar apenas nas áreas de planejamento estratégico, fomento e regulação.

No Brasil, a primeira etapa corresponde ao período que vai, aproximadamente, de 1930 a 1980, começando com o governo de Vargas, continuando com o juscelinismo e atingindo seu apogeu durante a fase intermediária do regime militar. A

---

[26] Quantidade de filhos por mulher.

segunda se iniciou – depois do interregno da *década perdida* – com o governo de Fernando Collor de Mello, continuou aceleradamente nos dois mandatos de Fernando Henrique Cardoso e entrou em compasso de espera a partir do início do governo de Luís Inácio Lula da Silva.

Seria longo explicar por que, mas a história das sociedades industriais do século XX tem mostrado que elas exigem, para funcionar adequadamente, um Estado que seja ao mesmo tempo forte e mínimo. Forte na função de planejamento estratégico, fomento e regulação. Mínimo como produtor de bens e serviços, limitando-se a atuar, com a maior eficiência possível, naquelas áreas que são inerentes à sua própria natureza: educação, saúde, segurança, justiça etc.

Nesse sentido, o Brasil avançou muito durante os dois mandatos de Fernando Henrique Cardoso. Mas a tradição patrimonialista ibérica, a hipertrofia do setor público – herança do regime militar –, a visão estatista, centralizadora e paternalista da esquerda jurássica que controla o PT e, *last but not least,* sua incompetência técnica[27] sustaram o processo a partir de 2000. É difícil prever o que acontecerá nos próximos anos, mas uma coisa é certa: o gigantismo do Estado brasileiro e o elevado custo da máquina pública estão entre os maiores entraves à modernização do país e à criação de uma sociedade mais justa e mais equitativa.

6 – Taxação pesada e progressiva sobre heranças e assemelhados (doações, legados etc.), com utilização de sistemática idêntica à do Imposto de Renda – não nos valores, evidentemente. O tributo sobre herança e assemelhados, elevadíssimo em toda a Europa ocidental, no Japão e em outros países, não apenas é fonte de arrecadação de recursos para investimentos

---

[27] À exceção da área econômica.

públicos como também possui a função de incentivar o empreendedorismo, amparado num bom sistema de crédito, e desestimular o rentismo, que por definição é socialmente improdutivo.

Para romper o arraigado patrimonialismo de tradição ibérica, que no Brasil sempre combateu ferozmente a instituição deste imposto, talvez fosse conveniente, de um lado, acoplá-lo a medidas como a redução da tributação sobre o capital produtivo, particularmente no caso de empresas de propriedade limitada, e, de outro, vincular determinado percentual dos valores arrecadados a um Fundo Público de Crédito para Educação e/ou a bolsas para universitários sem condições de custear seus estudos. Esta vinculação teria a função pedagógica de lembrar a todos que numa sociedade moderna e verdadeiramente democrática a educação pode e deve ser a maior e a mais valiosa herança deixada pelos pais a seus filhos.

7 – Eliminação do princípio da *gratuidade indiscriminada* do ensino público de Terceiro Grau, estabelecendo-se – independente de curso – valores razoáveis[28] a serem pagos pelos estudantes cujas famílias tenham capacidade financeira de fazê-lo. Os valores assim arrecadados formariam um Fundo Nacional de Educação Superior, com objetivo idêntico ao mencionado em 6.

Propostas deste tipo costumam ser alvo da fúria histérica de demagogos, corporativistas e pseudoesquerdistas que se autointitulam "republicanos, democráticos e populares", intencional e convenientemente cegos à gritante evidência de que no Brasil os contribuintes mais pobres são obrigados a financiar o *estudo público, gratuito e de qualidade* dos filhos dos contribuintes mais ricos!

8 – Reforma do sistema partidário-eleitoral, com a adoção de cláusula de barreira (número mínimo de votos para os

---

[28] Digamos, a mensalidade de um bom colégio particular de Segundo Grau.

BRASIL: DO MILAGRE À TRAGÉDIA (1964-2004)

partidos), fidelidade partidária, voto distrital misto e sistema de listas.[29] Com isso, os atuais e impressionantes custos das campanhas eleitorais cairiam drasticamente, os quadros partidários se tornariam mais qualificados e o vínculo – hoje praticamente inexistente – entre o eleitor e o eleito se estreitaria, com o decorrente controle sobre a representação. O sistema partidário-eleitoral brasileiro adotado em 1945 deve ser um dos mais absurdos e mais caros de todo o Ocidente, além de, por seu alto custo, favorecer diretamente a corrupção. Aliás, pode-se dizer que até por volta de 1960/70 o voto podia ser, e não raro o era, tecnicamente fraudado mas a representação era rigorosamente legítima. A partir de então, com a televisão – e a urna eletrônica! –, o voto tendeu a ser cada vez mais legítimo tecnicamente mas a representação, como resultado do sistema adotado em 1945, tornou-se praticamente fraudada.

9 – Modernização e simplificação das leis trabalhistas, garantindo valor efetivo aos contratos, coletivos ou não, de trabalho, facilitando a contratação e a demissão e reduzindo os riscos e os custos do empregador, seja pessoa física, seja pessoa jurídica. Ao contrário do que geralmente se pensa, não são os benefícios diretos do empregado que dificultam ou barram a abertura de

---

[29] Quanto ao financiamento público das campanhas, ele só tem sentido se for instituído o *sistema de listas* para as eleições proporcionais nos três níveis (vereador, deputado estadual e deputado federal), eliminando-se o voto pessoal uminominal, que não existe em qualquer outro país. Sem isto, o financiamento público das campanhas eleitorais será apenas mais um desavergonhado assalto aos cofres públicos, praticado sob o amparo da lei, semelhante a tantos outros que ocorreram nas últimas décadas (v. p. 57, nota 2).O mais recente deles, aliás, foi o das milionárias indenizações pagas a perseguidos pelo regime militar, transformadas em descarada *ação entre amigos*. Mas apenas entre amigos da "esquerda". Como disse recentemente Miriam Leitão, até um ato como este, que originariamente deveria significar a reconciliação da nação consigo própria e com seu passado, transformou-se em escândalo e roubo, pagos mais uma vez pelo contribuinte.

No referente ao atual sistema eleitoral brasileiro é interressante observar ainda que uma de suas maiores distorsões é fazer que nos pleitos proporcionais os candidatos tenham como seus principais adversários os concorrentes de seu próprio partido e não os dos partidos adversários.

novos postos de trabalho mas a insegurança jurídica e os custos indiretos do empregador resultantes de uma legislação antiquada, enxundiosa, paternalista, complexa, confusa e sujeita a interpretações esdrúxulas[30] por parte da Justiça do Trabalho.

Os maiores malefícios da atual legislação trabalhista nem sempre resultam diretamente dela mas são muitas vezes produto da heterogeneidade do universo sobre a qual ela indistintamente recai, isto é, o conjunto das empresas brasileiras.

Para as grandes empresas em geral e para as empresas médias altamente tecnificadas, as leis trabalhistas, *grosso modo*, não criam problemas sérios. No caso das primeiras porque elas operam em condições de monopólio ou, mais comumente, de oligopólio, são por definição capital-intensivas, obtêm economias de escala, são altamente lucrativas e seu custo em mão-de-obra é baixíssimo em relação a seu custo operacional e representa uma parcela não raro ínfima de seu faturamento total. No caso das segundas basicamente porque elas têm rentabilidade segura, ainda que nem sempre alta, empregam pouca mão de obra e o custo desta é baixo tanto em relação a seu patrimônio quanto em relação a seu faturamento.

Inversamente, as empresas médias pouco tecnificadas e as pequenas empresas em geral são sufocadas pelos encargos e ameaçadas pelos riscos decorrentes da legislação trabalhista. E são exatamente estas as responsáveis por mais de 80% do total de postos de trabalho existentes no país. A atual legislação trabalhista brasileira acaba assim representando uma punição para

---

[30] Um exemplo incrível, entre outros, é o das mensalidades escolares – geralmente em cursos superiores. Se o empregador, para qualificar seu funcionário, resolve pagar-lhe uma Faculdade, as mensalidades, em caso de demanda trabalhista, serão consideradas parte do salário! E o empregador terá que arcar com todos os custos a elas correspondentes, como se elas salário fossem (férias, décimo terceiro, INSS etc.)! Um país assim, como diria Diogo Mainardi, não pode nem merece ser uma nação.

as empresas que mais empregam mão de obra. E é lamentável ter que dar total razão a consultores que aconselham empresários – e eu próprio já o fiz! – a substituir mão de obra por máquinas porque "elas não fazem greve, não cobram hora-extra, não engravidam, não entram na Justiça do Trabalho, não colocam em risco o patrimônio da empresa..."

10 – Simplificação e redução, respectivamente, da legislação e dos encargos tributários que incidem sobre as empresas e desburocratização radical dos processos de abertura e fechamento de empresas.

Só quem alguma vez afundou no inferno burocrático da legislação tributária brasileira pode avaliar o que ele significa como entrave ao empreendedorismo e à contratação de mão-de-obra e como incentivo à sonegação e à informalidade. Sem falar no custo direto, pois até empresas de pequeno porte são obrigadas, se pretenderem operar nos quadros da lei, a montar uma estrutura específica para o setor. Isto é, elas são obrigadas *a pagar para pagar...*

11 – Completa reformulação do sistema de crédito e da legislação que o rege, particularmente no capítulo referente a garantias hipotecárias. O altíssimo custo dos empréstimos no Brasil não é produto da maldade dos bancos, mas de uma série de fatores, entre os quais os impostos elevados e as leis antiquadas e demagógicas. Os bancos, evidentemente, em vez de correr os riscos da inadimplência e os custos de longas demandas judiciais, preferem sempre emprestar ao melhor e ao mais seguro e pontual dos clientes: o governo, que para girar sua dívida, resultado de sua prodigalidade, paga juros altíssimos, completamente fora do padrão internacional.

5
Brasil: entre o milagre e a tragédia

É pouco provável que nas próximas décadas emerja do atual caos brasileiro uma elite competente, com suficiente visão histórica e a necessária inserção social para poder, pelo menos, sinalizar os caminhos do futuro. Porque, como as articulações de Daiane dos Santos sob o impacto brutal de um duplo mortal carpado, o Brasil antigo não resistiu e desintegrou-se no vertiginoso torvelinho dos sucessivos saltos históricos, da espantosa explosão demográfica e do consequente cataclisma social. Nem havia como resistir. Em menos de meio século a população foi multiplicada por três e 100 milhões de bárbaros bateram às portas de uma nação continental quase primitiva, formada então por alguns raros grandes aglomerados urbanos na costa e por um imenso interior que, quando não desabitado e inóspito, via, à parte algumas ilhas, nos tempos medievais ou na idade da pedra. E sob o peso avassalador desta invasão ruíram todas as frágeis e limitadas estruturas civilizatórias preexistentes. E parece quase um milagre[31] que, neste alucinante processo, entre 80 e 90 milhões de novos consumidores tenham tido acesso aos confortos, mesmo que às vezes relativos, da vida urbano-industrial moderna e que o país tenha se mantido pelo menos formalmente íntegro. Mas tudo na História tem preço e a terrível fatura logo foi apresentada: uma nação socialmente dilacerada, na qual, não raro literalmente lado a lado, coexistem a extrema riqueza e a miséria abjeta, o consumo suntuário e a fome degradante, o desperdício irresponsável e a carência desesperadora. Uma nação em que o crime e a violência estão fora do controle. Uma nação, enfim, que se rendeu à barbárie.

---

[31] Obviamente, a explicação para este fenômeno foi dada em I, p. 15 ss.

Esta situação tem sido constatada e analisada não por políticos – que deveriam ser a elite gerencial da nação – nem pela Universidade – que parece ter abdicado do papel crítico desempenhado no passado – mas por jornalistas, que são obrigados, por profissão, a enfrentar no dia a dia a brutal realidade do país. Recentemente, a propósito de uma lei inglesa que permite, sem riscos de ação judicial, matar alguém que invada uma residência, Clóvis Rossi comentou, em artigo contundente, o que ocorre no Brasil, onde as autoridades aconselham não reagir aos agressores:

> Nas recomendações sobre não reagir, que é o padrão no Brasil, e nas novas orientações da polícia britânica está o abismo entre a civilização e a barbárie.
>
> No Brasil, aceitamos a barbárie, na forma de nunca reagir mesmo quando você está dentro da lei e corre risco, assim como sua família.
>
> No fundo, é a confissão das autoridades de que são incapazes de conter a criminalidade, e o melhor que podem fazer é evitar mais mortes em troca do abandono do direito de legítima defesa. Ou, posto de outra forma, aceita-se a lei da selva.[32]

Este é o Brasil do milagre e da tragédia. Diante do desastre, a classe política, arcaica, despreparada e impotente, cumpre sua função, tentando desesperadamente sobreviver em meio ao caos e à falência do Estado, acossada pela rapacidade dela própria e dos demais grupos privilegiados, pelo desespero das legiões de marginalizados, pela eterna demagogia dos aproveitadores e pela maré montante da violência e do crime. Enquanto isto, intelectuais patéticos e auto-referentes, quais zumbis pré-históricos, derramam sentidas lágrimas sobre as desfeitas ilusões de seu sonho socialista – mas agarrados sempre, com unhas e dentes, às sinecuras, às aposentadorias e às indenizações pagas pelo

---

[32] *Folha de São Paulo,* 3 de fevereiro de 2005.

contribuinte capitalista – e desfiam suas monótonas e intermináveis litânias num dialeto incompreensível a um público mouco, quando não inexistente. E cristãos ignorantes e sem norte rendem-se ao aliciante canto da bruxa totalitária marxista-leninista, esquecidos da milenar herança civilizatória israelita de que são herdeiros.

As eleições de 2002 foram o símbolo maior deste Brasil gestado nas últimas décadas do século XX. De um lado, elas testemunharam, de forma irretorquível, a espantosa e fantástica mobilidade social existente em um país em que, apesar das hordas de dezenas de milhões de pobres e miseráveis, um operário semi-analfabeto, produto típico do *milagre brasileiro*, pode chegar, num passe de mágica, à suprema magistratura da nação sem que as estruturas de poder sofram qualquer abalo.[33]

---

[33] Sem perceber, quantificar e analisar as causas e os efeitos do fenômeno da mobilidade social, é absolutamente impossível compreender a história do Brasil da segunda metade do século XX. Este tema, que está à espera de historiadores competentes, foge, infelizmente, às dimensões e aos objetivos deste ensaio. Entre os vários aspectos relevantes do fenômeno, estão – além daquele da cegueira e/ou do desinteresse da elite intelectual em relação a ele – pelo menos dois fundamentais:
1 – Sociedades marcadas pela mobilidade social tendem a ser, em seu núcleo, estáveis e imunes a convulsões. Apenas para citar um exemplo recente – entre outros anteriores –, este truísmo histórico-sociológico explica tanto a intempestiva *conversão* do PT depois das eleições presidenciais de 2002 quanto o vertiginoso aumento da violência e do crime nos últimos, digamos, vinte e cinco anos. Os dois fenômenos são interdependentes. No caso do PT, a absorção, pela elite, dos grupos que o formavam e que a contestavam, desautorizou-os, anulando-os. No caso dos grupos que operavam e operam à margem da lei, eles jamais foram absorvidos institucionalmente pela sociedade (e seria longo discutir as causas disto). E assim, permanecendo à margem, tais grupos, *sem mudar de posição dentro da sociedade*, apenas cresceram explosivamente – como óbvia decorrência de suas altas taxas de fertilidade e da migração no sentido campo-cidade –, a tal ponto, que, como é o caso do Rio de Janeiro, já formam um Estado paralelo. Falando em termos claros e diretos: o PT foi absorvido pela elite porque esta *podia* fazê-lo e *tinha interesse* em fazê-lo. E as lideranças do PT não tiveram assim outra saída que não a de *converter-se* e adotar, necessariamente, a visão da elite. Quanto aos grupos marginais, bem, estes eram antes e continuam agora sendo apenas *lixo social*, que, por enquanto, não ameaçam estruturalmente a elite, da qual, de agora em diante, também grupos do PT fazem parte. O problema é que este lixo social está se acumulando rapidamente, criando uma situação insustentável a longo prazo. Mas, como disse explicitamente Keynes e como implicitamente diz a elite, do PT ou não, "a longo prazo estaremos todos mortos"...

De outro, elas transformaram – felizmente! – em pó o insano projeto jurássico-totalitário de vigaristas sociais, energúmenos, desequilibrados e lúmpen-intelectuais estalinistas que haviam tomado de assalto o PT em meados da década de 1980 e enterraram o ingênuo e desorientado milenarismo das igrejas tradicionais, em particular a católica, atropeladas pela vaga irresistível do progresso científico, da modernização tecnológica e da consequente laicização da sociedade. E assim foram varridos da História os últimos resquícios do Brasil arcaico: agrário, pré-industrial, católico e mentalmente colonizado pela Europa do século XIX.

E à frente restou apenas o abismo. E a arrogância e a incompetência da *nomenklatura* petista, que, coletivo e assombroso exemplo da mobilidade social existente no Brasil e contundente e definitiva prova de que a túnica de Clio não tem costuras,[34] traz nas veias a marca indelével do patrimonialismo ibérico, que infecta, qual vírus mortal, a sociedade brasileira desde que foi gestada no ventre da decadente aristocracia portuguesa. Como disse Josias de Souza:

---

2 – A dimensão e o ritmo das mudanças ocorridas no Brasil a partir de, aproximadamente, 1970 só encontram paralelo – apesar das óbvias diferenças de natureza – nos Estados Unidos depois da Guerra da Secessão e na Rússia e na China pós-revolucionárias. Em dimensão menor podem ser citados também o Japão da Era Meiji e a Alemanha e a Itália sob Bismarck e Cavour, respectivamente, e nas duas décadas posteriores à Segunda Guerra Mundial sob Adenauer e De Gasperi, também respectivamente. Outro caso é o da pequena Irlanda, a partir de 1990, aproximadamente. Aliás, recentemente, Emily O'Reilly, ministra do governo irlandês, atacou os falsos valores que estão se impondo no país, na esteira de sua intempestiva modernização: "Muitos de nós detestam o festival de vulgaridades que se tornou típico da Irlanda moderna" disse ela, criticando a seguir o materialismo dominante, a linguagem obscena, a violência gratuita, a pobreza moral e a cultura do prazer imediato.
É de se imaginar o que diria a ministra irlandesa se visitasse o Brasil...

[34] Segundo a mitologia grega, das nove Musas que presidiam às artes, a única que vestia túnica inconsútil era Clio, a musa da História, significando que o processo social não tem rupturas, alimentando-se sempre de si próprio, isto é, do passado, numa teia de fios inextrincável.

O ex-PT revelou-se extremamente conservador.

Conservou o conservadorismo econômico à FHC; conservou o imobilismo social; conservou o toma-lá-dá-cá; conservou até o hábito de desfrutar de todas as regalias que o dinheiro do contribuinte puder comprar [...].

O extremismo conservador do ex-PT recua aos padrões do Brasil-colônia. Um tempo em que o sinhozinho da casa-grande, apto a ocupar postos graduados na administração pública e a ganhar sesmarias, encarava com soberba a bugrada, sempre às voltas com "temas sem importância". Impolutos, não se achavam devedores de nada. Muito menos de explicações.[35]

Mas queríamos o quê? Que por mutação instantânea nascesse o *homo novus petensis*, segundo a ingênua fé de muitos militantes do partido? Que em meio ao caos surgisse, por geração espontânea, uma nova elite, competente, impoluta e redentora, capaz de guiar, segura, a nação pelo caminho radioso da justiça, da igualdade e da liberdade? Que o novo governo, num passe de mágica, fizesse nascer, das entranhas do caos, "nova terra e novos céus", realizando finalmente, nos trópicos americanos, o sonho e a esperança dos pregadores apocalípticos israelitas do século I d.C.? Ou também nós, coitados, acreditávamos, como os líderes do partido, que tudo se resumia a uma questão de "vontade política"?

O milenarismo judaico-cristão, herdado e laicizado pelo marxismo na Europa do século XIX, tem pelo menos dois mil anos de existência. E sempre que chegou ao poder, no século XX, foi sinônimo de violência e de terror. Quanto ao voluntarismo político, existe desde Cleon de Atenas. E desde sempre. Mas os que denunciam – aliás, com absoluta razão – o milenarismo totalitário e o voluntarismo político do PT esquecem quase sempre que PT é apenas uma sigla e que o partido não é mais que

---

[35] *Folha de São Paulo*, 12 de dezembro de 2004.

uma grande metáfora das novas forças sociais, dos 100 milhões de bárbaros antes referidos, do desastre demográfico e social dos últimos quarenta anos que mergulhou o Brasil numa interminável guerra civil não declarada, como o revelam as assustadoras cifras de crimes e de assassinatos diários. E se, como agora está comprovado à saciedade, o Partido dos Trabalhadores não tinha e não tem – à parte a falida e mofada utopia marxista-leninista e a meteórica ascensão social de seus militantes – qualquer projeto econômico, político e social coerente, isto confirma, mais uma vez, que ele possui consistência tão somente como metáfora do país. Afinal, há mais de uma década já era possível perceber que o Partido dos Trabalhadores era, na verdade,

> [...] um conjunto espantoso de corporativistas ensandecidos, adolescentes desorientados, arrivistas lépidos, vigaristas sociais, totalitários enrustidos, messiânicos desarvorados, camponeses desesperados, lúmpen-intelectuais arrogantes, sindicalistas mais ou menos ignorantes, ingênuos bem intencionados e demagogos ilustrados que haviam se transformado numa espécie de compacto rebotalho de vinte e cinco anos de profundas, caóticas e vertiginosas mudanças econômicas, tecnológicas, sociais e culturais,[36]

e que se havia formado como

> [...] um subproduto monstruoso e disforme de uma sociedade doente, sem norte e revolvida até as entranhas por um processo brutal e avassalador de modernização, de produção e concentração de riquezas, de universalização do ensino e de um explosivo crescimento populacional.[37]

---

[36] Dacanal, J. H. *O pedagogo do PT.* Porto Alegre: Soles, 1995, p. 17. O texto é de 1994.

[37] *Id., ib.*

Agora, finalmente, tudo ficou claro para todos. Como ideologia, o PT foi a última ilusão do Brasil arcaico. Como organização partidária, o PT é um conjunto caótico de novas e heterogêneas forças sociais surgidas nas últimas décadas do século XX. Como governo, o PT é apenas lugar-tenente e agora parte da mesma elite antes por ele atacada e demonizada.

A ilusão desfez-se em fumo. O partido esfacelou-se. E o governo, graças ao realismo, rústico mas sólido, do presidente e de seus ministros da área econômica, sobreviveu e possivelmente sobreviverá.

Quanto à nação, ela continua, no mesmo e idêntico lugar de antes, a oscilar cada vez mais perigosamente sobre o abismo, entre o milagre e a tragédia.

III

A *década perdida*: a inflação como guerra social

"A década perdida: *a inflação como guerra social*", *escrito em 1996 e publicado como adendo a* A era dos espertos,[1] *é aqui anexado por servir, em minha visão, como uma espécie de marco teórico a* "Brasil: do milagre à tragédia (1964-2004)".

---

[1] *A era dos espertos*. Porto Alegre: Soles, 1997.

Estuário de quinze/vinte anos de brutais e vertiginosas transformações históricas, a década de 1980 – a rigor, os anos que vão do último período do regime castrense ao Plano Real – foi uma espécie de prolongada ressaca em que reinaram soberanos o caos econômico, a perversidade social, a irresponsabilidade política, a anomia cultural e a desagregação ética. A verdadeira história desta era, porém, não será tão cedo contada.

Marcada pelo indelével sinete da pretensão ingênua, do provincianismo cultural, do bom-mocismo romântico, do esquerdismo infantil e do elitismo secular, herdado do Brasil arcaico, agrário, senhorial e pré-industrial, a *canaille* politicamente correta do aulicismo acadêmico, do carreirismo burocrático e do messianismo ideológico recolheu-se a um silêncio tumular e nega-se, com uma ou duas exceções, a fazer o inventário real do passado recente.

Mas como poderia ser diferente? Como poderia esta geração narrar o naufrágio universal de suas próprias ilusões? Como poderia esta geração aceitar que a tão ansiada luz redentora da liberdade a raiar após as trevas dos anos 70 tenha vindo a projetar-se sobre um espantoso cenário dominado, de cambulhada, por oligarcas decadentes, metalúrgicos semianalfabetos, aventureiros destemperados, corporativistas ensandecidos, salteadores despudorados, demagogos ilustrados, vigaristas sociais e sicofantas profissionais, muitos deles não raro – supremo insulto e inaudita ironia! – travestidos de esquerdistas e progressistas, convertendo o país, de sul a norte, num portentoso e multifacetado espetáculo que bem poderia inspirar um novo Shakespeare? Como poderia esta geração aceitar que os parâmetros com que aprendera a demarcar o mundo haviam para sempre e irremediavelmente caducado? Afinal, por que assinaria esta geração seu próprio epitáfio?

É compreensível, pois, que esta geração silencie e, ciosa, cuide preservar os frágeis sonhos de um mundo que há muito dissolveu-se melancolicamente em cinza e pó. Mas, impiedoso, o tempo não pára e algum dia a verdadeira história desta era terá que ser revelada.

Ela começa nos últimos anos do regime castrense, quando, acuados pela violenta pressão americana, pela constante grita dos dissidentes internos, por aquela açulados, e pelo esgotamento do próprio projeto de industrialização forçada e de modernização acelerada, os militares abandonam a ribalta e, visivelmente contrafeitos e compreensivelmente confusos, se retiram às casernas, de onde duas décadas antes haviam saído, em plena Guerra Fria e sob a irresistível e para eles bem-vinda e oportuna pressão do Norte.

Incontinenti, em estilo ora de quase-tragédia, ora de farsa explícita, lépida e frenética a velha elite política, defenestrada há vinte anos, preencheu o vácuo. Ela, por suposto, em nada mudara. Porém o país sim, e radicalmente. Obsoleta, pois, despreparada, confusa e sem projeto, a velha elite enredou-se inapelavelmente no denso cipoal das práticas arcaicas no seio da realidade nova. E, incapaz de exercer a hegemonia, fosse qual fosse, ela própria submergiu na anomia generalizada e na prolongada e feroz, ainda que velada, guerra social que se seguiu ao desengajamento militar.

Esta guerra, cujos contornos podiam ser nitidamente percebidos já no final da década de 1970 mas que jamais se tornara sem quartel em virtude da capacidade arbitral inerente a governos fortes, tinha como objetivo o Erário Público, na senda da secular tradição das classes dominantes ibéricas, cuja visão patrimonialista sempre englobou, antes de tudo, o próprio Estado e os recursos de que ele se adona via mecanismos de expropriação, exação, tributação, aduana etc.

Ainda que politicamente confusa e socialmente perversa, esta foi uma época fascinante, na qual se revelou, uma vez mais, a perenidade da velha lenda grega de Clio e sua túnica inconsútil,[2] cujo simbolismo atravessa, imperturbável, os séculos. Pois diante das frágeis e desorganizadas forças emergentes do capitalismo industrial/mercantil do Sudeste/Sul, ainda incapazes de formular e implementar um projeto hegemônico baseado em seus interesses, a atávica fúria predatória do patrimonialismo ibérico se reacendeu e, avançando de todas as direções, vampirizou o

---

[2] Das nove musas que presidiam às Letras e Artes, apenas Clio, a musa da História, vestia uma túnica inconsútil, indicando, assim, que o processo social não tem rupturas, que ele se alimenta sempre de si próprio e tem suas raízes solidamente fincadas no passado. Neste sentido, aliás, o próprio governo Collor é paradigmático. Originário das velhas elites políticas do Nordeste, fez sua campanha pregando ardorosamente a modernização e o combate ao neopatrimonialismo. Vitorioso nas urnas, não teve – ao contrário de Fernando Henrique Cardoso, não por nada procedente do Sudeste – nem a habilidade nem as condições para montar uma ampla, ainda que heterogênea, base de sustentação política e enredou-se no processo esquizóide do discurso modernizador e das práticas arcaicas. Abandonado por todos, foi defenestrado por aqueles que o haviam apoiado, os quais, por trás do biombo, manobravam os cordéis e açulavam os que ele havia combatido.

Estado. Do passado e pela direita, as decadentes oligarquias do Nordeste/Norte comandaram, durante o governo Sarney, uma devastadora razia sobre o Erário Público, para o que dispunham de ampla experiência e farto instrumental, reforçados, aliás, durante o regime castrense, pelas concessões políticas feitas em troca de seu apoio (a proporcionalmente monstruosa representação no Congresso, por exemplo). Do presente e pela esquerda, o neopatrimonialismo da estatocracia – assentada sobre as poderosas empresas públicas, quase todas criadas durante o período militar – e o corporativismo burocrático, que hauriam sua força no solo fértil da confusão e da anomia generalizadas, secundaram com diligência o trabalho das velhas oligarquias, aprofundando a razia em todos os níveis e levando o método às administrações estaduais e municipais dos mais longínquos rincões do país.

Absurdo na aparência mas coerente na essência, este perverso conúbio das velhas oligarquias com as novas forças gestadas no interior do processo de modernização comandado pelo napoleonismo militar das duas décadas anteriores visava, como sempre, à pilhagem do Estado. Nada estranho, pois na concepção das primeiras o Estado são elas próprias. E na concepção das segundas o Estado são os outros. Na visão prática das primeiras o Estado nada mais é que uma instituição de autobenemerência. E na visão abstrata das segundas o Estado é também um ente benemerente, provedor universal e gestor de recursos ilimitados que descem graciosamente do empíreo qual providencial maná salvador. Que, prática ou abstrata, a conta tenha que ser sempre paga por alguém é coisa com a qual ambas não estão preocupadas. As primeiras por hábito. As segundas por voluntária amnésia e, não raro até, por pura ignorância. Afinal, podem ambas perguntar, qual seria, se não esta, a função dos pobres e dos contribuintes?...

Neste cenário conflagrado desenvolveu-se o processo que desembocou na Constituição de 1988. E poucos perceberam então a profunda lógica que subjazia à aparentemente estranha aliança não raro estabelecida – em particular nas questões tangentes à natureza e às obrigações sociais do Estado! – entre as retrógradas forças oligárquicas e os partidos ditos de esquerda, em oposição às forças efetivamente modernizadoras das classes dirigentes do Sudeste/Sul.

Eis aí um tema fascinante da história política brasileira deste final de século, tema, porém, que não poderá ser adequadamente analisado nem compreendido sem o recurso ancilar da ciência econômica. Pois a feroz guerra social travada ao longo de quase uma década e meia, óbvia decorrência da pilhagem do Estado, explicitou-se através de uma crônica e não raro aguda inflação, arma e biombo através dos quais os grupos privilegiados comandaram um prolongado e brutal processo expropriatório de dimensões talvez sem paralelo na história brasileira.[3] Arma porque a inflação é a mais eficiente forma de sugar os já parcos recursos dos pobres e miseráveis. Biombo porque ela alcança tal objetivo acobertada pelo manto de uma suposta e incompreensível fatalidade, pela qual, aparentemente, ninguém é responsável. Como se tudo isto fosse pouco, o mecanismo da indexação (ou proteção automática da moeda) utilizado no período não apenas salvaguardou como ainda beneficiou

---

[3] Pontualmente, podem ser lembrados alguns episódios clássicos: as concessões arrancadas ao Governo pelas classes média e média-alta na primeira metade da década de 1980, que levaram à destruição do Banco Nacional de Habitação (BNH) e representaram um dos maiores processos de transferência de renda da história do Brasil moderno; a elevação, em níveis sem precedentes, dos salários da estatocracia e da burocracia federal durante o governo Sarney; o próprio confisco dos ativos financeiros promovido pelo governo Collor, beneficiando indiretamente os grupos privilegiados do setor público em geral, que um mês depois recebiam seus altos salários em moeda rara e estável; a passagem da URV (em 1994) para o real, que resultou na conversão, em patamares elevados e pelo pico, da remuneração dos funcionários federais e de toda a estatocracia. Este último episódio, aliás, como os demais, não foi ainda devidamente analisado.

amplamente os detentores de grandes haveres financeiros líqui-dos (rentistas), que historicamente sempre foram, em processos inflacionários agudos, os maiores perdedores ao terem suas re-servas rapidamente reduzias a pó.[4]

Mais que perdida – segundo a qualificam os economistas –, esta foi uma década perversa e infame, na qual a ação predató-ria do patrimonialismo e do neopatrimonialismo vampirizou o Estado, dilapidou criminosamente os vultosos recursos acumu-lados, via poupança compulsória, durante os governos militares, ampliou de forma espantosa a pobreza e fez baixar a níveis dra-máticos a miséria dos deserdados, dando início a um processo de regressão à barbárie, quando os pactos se dissolvem e a força bruta e os ardis se instauram como únicos instrumentos de poder.

Esta foi a era dos espertos, marcada indelevelmente pela destruição da moeda e pela consequente dissolução de todos os critérios objetivos de aferição da realidade. E pela desagregação social. Por isto, não importa se agora ou depois, não importa sob que governo, não importa sob que nome, a moeda estável é e será o símbolo, o paradigma, o ícone do Brasil das próximas décadas e o alicerce que viabilizará, se houver vontade políti-ca, a reordenação da sociedade segundo parâmetros mínimos de justiça condizentes com as concepções e as necessidades do presente. Não há alternativas: ou isto ou, de novo, a barbárie.

(1996)

---

[4] Recentemente, o ex-ministro da Fazenda Maílson da Nóbrega lembrou, *en passant*, este fato. Este é mais um tema que deverá ser analisado a fundo quando for feita a verdadeira história deste conturbado período da vida política e econômica brasileira.

IV

A ALTERNATIVA
SOCIAL-DEMOCRATA

"A alternativa social-democrata", escrito em 1993, é praticamente inédito, tendo sido publicado apenas em uma brochura de tiragem e circulação muito limitadas. Não tive condições de ampliá-lo, como haviam sugerido alguns leitores. Acredito, porém, que mesmo assim é um texto pioneiro, pois no Brasil das últimas décadas o tema tem sido monopólio[1] de uma esquerda dogmática e colonizada, quando não delirante e caricata, e de uma direita fundamentalista e imobilista, quando não ignorante e arcaica.

---

[1] No início da segunda metade do século XX, no Rio Grande do Sul, Alberto Pasqualini foi uma notável exceção. Mas foi tão incompreendido à época quanto é esquecido hoje.

A alternativa social-democrata

Liquidadas definitivamente as utopias milenaristas do comunismo e do socialismo que dominaram este século que está a findar – cuja origem e função não cabem ser aqui analisadas – só restou um caminho para que sociedades como a brasileira ponham em prática as reformas urgentemente necessárias para, pelo menos, eliminar a miséria absoluta que atinge grande parte de sua população e até mesmo já ameaça a própria vigência das regras mínimas que regem a convivência civilizada dos membros do corpo social. Este caminho é o da social-democracia. Mas o que é social-democracia?

Na breve exposição que segue, serão explanados, em linguagem simples, direta e sem maiores preocupações com eventos históricos e refinamentos conceituais, os seguintes itens:

1 – A social-democracia: como surge e qual sua natureza;

2 – As condições para o estabelecimento da social-democracia;

3 – A social-democracia no Brasil.

1
A social-democracia: como surge e qual sua natureza

O furacão revolucionário que varreu a França no final do séc. XVIII e logo a seguir atingiu toda a Europa continental através da meteórica expansão napoleônica não apenas provocou a queda definitiva das monarquias absolutistas como também deixou consolidada a grande herança política do Ocidente moderno: a concepção de que todos os homens são iguais e têm os mesmos direitos pelo simples, e único, fato de pertencerem à raça humana.

Muito mais do que os exércitos napoleônicos, foi este princípio, tão elementar hoje quanto aterrador à época, que fez tremer a Europa inteira. Sobre os escombros fumegantes do passado monárquico/absolutista e depois do apavorante ritual do Terror, abriam-se as cortinas de um mundo novo e quase incompreensível.

Aliás, a linguagem hieroglífica e quase impenetrável de Hegel na introdução de *A fenomenologia do espírito* deixa isto bem claro: é impossível compreender o que o filósofo alemão quer dizer se não se perceber, por trás de suas metáforas, que o verdadeiro tema é o cataclisma revolucionário com suas espantosas, imprevisíveis e, principalmente, inevitáveis consequências. E foi por isto que, diante do grandioso e ao mesmo tempo aterrorizante espetáculo da Revolução Francesa e das jornadas napoleônicas, Hegel, apesar de não ser nenhum semianalfabeto em História ao estilo de Francis Fukuyama, também não resistiu à tentação de dizer que ela, a História, terminara, já que o *Geist*, o Espírito ou Ideia, atingira o ponto culminante da Evolução... O que prova que alguma coisa pelo menos os dois têm em comum...

Seja como for, do ventre da Revolução e, como Esaú e Jacó, já em luta antes de virem à luz, nasceram dois rebentos que se digladiariam ao longo do século seguinte: o *revolucionarismo socialista* e o *etapismo social-democrata*.

Marcados pelo mesmo e indelével sinete do princípio igualitário, o revolucionarismo socialista e o etapismo social-democrata só iriam enfrentar-se de maneira decisiva nas primeiras décadas do séc. XX, quando a luta autofágica das grandes potências europeias da época e o atraso da Rússia abriram um vácuo em que o primeiro ameaçou impor-se e reeditar, do Atlântico aos Urais, as jornadas revolucionárias de 89 a 93, só que agora não mais contra o absolutismo monárquico mas contra as burguesias que delas haviam surgido...

Foi então que se consagrou, como termo, que já existia, e como projeto, a ser posto urgentemente em prática, a social-democracia. Porque as burguesias europeias – isto é, as classes proprietárias –, emparedadas pelo revolucionarismo socialista, que, através das forças do proletariado comandadas por elementos dissidentes da pequena burguesia intelectualizada ou também ameaçada de proletarização, agitava a bandeira de mudanças rápidas e radicais, estas burguesias europeias foram obrigadas a tomar medidas destinadas a redistribuir renda e dar melhores condições de vida aos trabalhadores. O capital entregava os anéis para não perder os dedos.

Mas não era só isto. O avanço da tecnologia, tanto na ponta da produção quanto na do consumo, exigia mais e mais mão-de-obra especializada. E esta, como se sabe, não é encontrada entre famintos, desnutridos e miseráveis mas entre pessoas minimamente bem alimentadas e com saúde. Tudo ao contrário do que ocorria até meados do séc. XIX e nas condições magistralmente analisadas por Marx ao estudar a situação da classe trabalhadora na Inglaterra.

E assim foram se estruturando as sociais-democracias europeias do século XX, nascidas do próprio capitalismo e mantendo, portanto e pelo menos em princípio, nas mãos de particulares não apenas os bens de uso mas também os meios de produção. Como isto foi possível?

Para entender isto os economistas e políticos brasileiros deveriam dedicar parte de seu tempo a ler os romances de Georges Simenon e Agatha Christie. Alguns riem desta afirmação, não fazendo mais do que provar que, se lhes falta leitura, pelo menos lhes sobra estultície. Pois ao ler algumas obras destes dois autores – que quase sempre tratam de crimes e mistérios policiais – pode-se ter a exata noção das estruturas econômicas e sociais da França e da Inglaterra entre as décadas de 1920 e 1970, aproximadamente. Exatamente aquele período de cerca de meio século no qual as classes proprietárias europeias começaram a entregar os anéis para não perder os dedos. É impressionante como, em muitas das obras dos dois autores citados, observa-se a implacável ação do fisco, o empobrecimento da velha elite, a decadência de famílias tradicionais, a distribuição forçada de renda e a ascensão, dura e penosa, de novos figurantes.

Sem dúvida, para perceber tudo isto é preciso ter alguma informação e saber ler. Mas o que aqui importa é responder rapidamente à pergunta antes feita: quais as medidas práticas adotadas pela social-democracia para atingir seus objetivos? Elas são várias e de variada natureza, mas entre as principais podem ser citadas as seguintes:

a – Redução ou até eliminação dos impostos indiretos, ou seja, daqueles que atingem toda a população (sobre alimentos e outros produtos de primeira necessidade, por exemplo).

b – Criação ou aumento dos impostos diretos, que, em alguns países europeus, atingem alíquotas inimagináveis para economistas e políticos brasileiros. No caso do imposto de renda, elas chegam a alcançar 60 ou 70 por cento, e às vezes até mais do que isto, nas faixas superiores.

c – Taxação elevada sobre a propriedade – o chamado *imposto sobre o patrimônio*, ou sobre a riqueza. Contudo, esta taxação incide basicamente sobre o patrimônio pessoal e não sobre o capital produtivo das empresas.

d – Taxação brutal sobre o espólio ou herança. Em quase todos os países da Europa, no Japão e em outros que se guiam pelos princípios da social-democracia, o avô pode ser rico mas, se seu filho não trabalhar, o neto, sem qualquer dúvida, será pobre, pois as alíquotas são tão altas que em duas ou três gerações um patrimônio, por maior que seja, transforma-se em pó.

e – Baixa taxação sobre o capital produtivo. Ou seja, as empresas pagam pouco imposto. Segundo estudos de tributaristas, do total de impostos recolhidos nos países europeus pelo governo, cerca de 75 por cento procedem de tributos incidentes sobre o patrimônio e a renda das pessoas enquanto que os 25 por cento restantes resultam da taxação sobre as atividades produtivas. Quem disser que em países como o Brasil a situação parece ser inversa não tenha dúvida: é isto mesmo. A tal ponto que, não raro, pequenas e médias empresas pagam para trabalhar e para pagar impostos e atender às inúmeras exigências burocráticas dos governos federal, estadual e municipal. Aqui, se uma empresa tem uma receita equivalente a dez mil dólares por mês, todos dizem que ela tem que pagar imposto e todos os demais encargos. Mas se alguém ganha idêntica quantia em salários, é defendido pela (pseudo)esquerda, que afirma que salário não é renda...

f – Atribuição ao Estado do papel de indutor e orientador da política de investimentos e não de proprietário e gerente de atividades empresariais, o que é efetivado seja através de medidas de caráter macroeconômico, seja através de concessões de serviços públicos à iniciativa privada. Entre parênteses, este é um dos graves problemas enfrentados hoje pelo Brasil, onde, pelas características de seu desenvolvimento econômico no último meio século, o Estado/Governo adquiriu dimensões gigantescas e tornou-se, por diversas razões, praticamente inadministrável.

2
As condições para o estabelecimento da social-democracia

Analisando a história das sociedades europeias nas quais, no século XX, se materializaram os ideais políticos denominados *social-democratas*, chega-se à conclusão de que há, pelo menos, três condições fundamentais para que isto ocorra. Duas delas são de natureza política e uma é de natureza econômica.

a – A primeira das condições de natureza política é a existência de uma classe dirigente cujos interesses sejam suficientemente homogêneos para que resultem em uma visão também homogênea da realidade. Em outros termos, é preciso que a classe dirigente seja portadora de um projeto nacional no qual ela própria e os demais grupos sociais tenham lugar e espaço definidos.

Com efeito, a existência de divergências graves e até de conflitos internos – que nascem, por suposto, de interesses diferentes ou divergentes – impedem a classe dirigente de atuar de forma coesa, buscando um objetivo comum. Mas isto não é o mais grave. O pior mesmo é que divergências e conflitos podem levar à manipulação direta de outros grupos sociais por parte deste ou daquele segmento da classe dirigente. Em tal caso, esta acaba não só não tendo um objetivo comum como, ainda, utiliza os demais grupos como massa de manobra em seus próprios conflitos intraclassiais. O que, além de impedir a ação conjunta, leva à progressiva desagregação da sociedade como um todo, tornando inviável a implementação de qualquer projeto.

b – A segunda condição política é que esta classe dirigente deve sentir-se ameaçada. O que quer dizer isto?

Todo mundo sabe, a não ser os tolos e os ingênuos, que na história da Humanidade não há um só caso em que os grupos proprietários aceitaram desfazer-se de todas ou parte de suas posses de livre e espontânea vontade. E isto é natural, no sentido literal do termo, pois aferrar-se a bens é uma das mais primárias e elementares manifestações do instinto de sobrevivência da espécie.

Portanto, enquanto a natureza humana continuar a mesma, será sempre assim. E no momento atual, com a intempestiva derrocada das utopias socialistas, comunistas ou marxistas, nem é preciso apresentar outros fatos ou argumentos para provar o que foi dito.

E por que é que uma das condições para o estabelecimento da social-democracia é a de que a classe dirigente se sinta ameaçada? Porque, caso contrário, ela não aceitaria desfazer-se de pelo menos parte de suas posses, ainda que de forma suave e ao longo de um tempo razoável. E quais foram as ameaças enfrentadas pela classe dirigente europeia a partir do final do séc. XIX? Foram duas, obviamente. De um lado, internamente, a constante ameaça de convulsões sociais, representada pela ação de um operariado combativo de tendências social-democratas ou claramente revolucionárias. De outro, externamente, o *efeito-demonstração* exercido pela Revolução Soviética e pela propaganda dela resultante.

c – No que diz respeito ao aspecto econômico, a condição essencial para que a social-democracia seja viável é a existência de bens e recursos suficientemente amplos para serem divididos, de tal forma que, mesmo desfazendo-se de parte deles, a classe dirigente possa continuar mantendo uma situação relativamente privilegiada. Pois se esta condição não existir, a tendência inevitável da classe dirigente é aferrar-se crispadamente a seus bens e privilégios. E com razão. Afinal, se não existirem recursos suficientes que permitam iniciar o caminho rumo a uma sociedade em que todos tenham pelo menos as condições mínimas de uma vida decente, ao aceitar as mudanças a classe dirigente estaria assinando sua sentença de morte. E neste caso, por motivos óbvios, é mais vantajoso morrer defendendo e conservando o que se tem...

Existem estas três condições para o estabelecimento da social-democracia no Brasil?

3
A social-democracia no Brasil

Começando pelas condições políticas, há no Brasil uma classe dirigente suficientemente homogênea para propor e implementar um projeto social que, dando condições mínimas de uma vida decente a toda a população, seja a salvaguarda da própria classe dirigente, a médio e longo prazos?

Em princípio, a resposta é negativa. Se tomássemos o país de Minas Gerais para baixo, a resposta talvez fosse positiva, pelo menos em termos genéricos. Mas considerando que o país abarca também o Norte e o Nordeste, com suas seculares oligarquias, arcaicas e retrógradas, é difícil acreditar – e a História recente o prova – que a implementação de um projeto de tal tipo seja possível com a rapidez necessária e desejada. Por quê? Pelo evidente:

os interesses da classe dirigente do Sul e do Sudeste, modernizados e industriais, são muito diversos daqueles das oligarquias rurais do Norte e do Nordeste. Eis aí, portanto, a causa de um conflito interno intraclasse dirigente, conflito este que impede ou dificulta ações visando a alcançar um objetivo comum.

E quanto à segunda condição política? Há no Brasil uma classe dirigente ameaçada?

Sem dúvida, há. Em particular nas aglomerações urbanas, e não só nas grandes – do Sul e do Sudeste. Nestas, não apenas a classe dirigente se sente ameaçada como também assim se sentem boa parte dos estratos sociais médios. Por quem? Pelos grupos marginais, que, pouco ou nada tendo a perder, se lançam em ações de saques, roubos, assaltos e violência, não esquecendo atividades clandestinas, como o narcotráfico, por exemplo, que para eles representam a única alternativa para viver bem ou acumular um mínimo de capital. E o mais grave é que tais grupos crescem a um ritmo assustador, representando, em algumas cidades, 50 por cento, ou até mais, da população.

Diante disto, não há dispositivos de segurança que resolvam ou eliminem o problema. O que faz com que as grades comecem a transformar as mansões dos ricos e até as casas simples dos remediados ou pobres em verdadeiras fortalezas medievais.

Sim, a ameaça existe e dela cada vez mais pessoas tomam consciência. Contudo, novamente, esta ameaça paira mais sobre as cabeças dos habitantes do Sul e do Sudeste do que daqueles do Norte e Nordeste. Além disto, ao contrário do que ocorria na Europa, esta ameaça não é sentida coletivamente mas, quase sempre, apenas individualmente, o que é expresso no ditado popular que diz: "A gente sempre acha que só acontece com os outros... até que aconteça com a gente..." Claro, em vez dos sindicatos e sovietes organizados e disciplinados, aqui a classe dirigente enfrenta apenas a ação desordenada e quase sempre individual dos miseráveis e desesperados.

Mesmo assim, porém, é inegável que aos poucos parece que esta ameaça começa a gerar um pavor coletivo, pelo menos entre os grupos mais lúcidos da elite. Será isto suficiente? Só o tempo o dirá.

No que diz respeito à terceira condição, de natureza econômica, existem no Brasil os pré-requisitos que tornem viável a implantação da social-democracia?

Parece fora de dúvida que a resposta é afirmativa. Pelos seguintes motivos:

– O país tem grande disponibilidade de recursos, desde os que ainda podem ser coletados em estado natural e consumidos diretamente até minerais estratégicos fundamentais nas indústrias de ponta;

– Ao contrário de nações como a Rússia e a China, o Brasil não apresenta desertos ou regiões gélidas. Quase todo seu espaço é propício às atividades produtivas, principalmente as de agricultura, pecuária, silvicultura, fruticultura etc. Quem conhece outras regiões do planeta sabe que não é força de expressão dizer que o Brasil é um país fantasticamente rico em recursos naturais;

– Mais do que isto, as condições de produção de alimentos são excelentes e a variedade do clima permite que se desenvolvam culturas típicas tanto de zonas tropicais quanto de zonas temperadas ou quase frias (é o caso da maçã, no Sul);

– A população brasileira é ainda relativamente reduzida se comparada com as da Índia e China, por exemplo, países em que o crescimento populacional terá que ser detido dentro de um prazo curto e de forma rápida. No Brasil, o que é fundamental hoje é a redução da natalidade entre os grupos sociais desfavorecidos, de tal sorte que os mesmos cresçam a um ritmo não superior ao dos grupos sociais mais privilegiados. Este é um problema gravíssimo e terá que ser enfrentado rapidamente, pois caso contrário não existirão recursos suficientes para que se implemente um programa mínimo de distribuição de renda. E neste caso, como se viu, a classe dirigente barra ferozmente a execução de tais programas...;

– O Brasil tem relativa disponibilidade de recursos financeiros, tanto pelas possibilidades virtuais de poupança interna quanto pelo seu crédito nas praças financeiras internacionais.

Conclusão

Diante do exposto, tem viabilidade um projeto social-democrata no Brasil atual?

É difícil responder. Que ele seja a única saída racional e que seja urgentemente necessário, sobre isto nenhuma pessoa mais ou menos sensata e esclarecida tem dúvidas. Que ele seja viável a curto ou médio prazo ninguém pode afirmar com certeza.

As rápidas e brutais transformações pelas quais passou o país nas últimas duas ou três décadas ainda não foram assimiladas nem suas consequências foram entendidas pela classe dirigente, a qual, perplexa e dividida, em parte arcaica, em parte moderna, em parte ignorante, em parte com alguma consciência, não possui hoje qualquer projeto nacional coerente e muito menos um projeto social, a não ser o da sua sobrevivência a qualquer custo e a curto prazo. O que é desesperadamente pouco.

Mal ou bem, os governos militares tinham um projeto, como ficou evidente a partir do momento em que o general Ernesto Geisel assumiu a presidência, projeto, aliás, que provocou reação adversa dos Estados Unidos, daí resultando seu apoio à rápida democratização, considerada um antídoto às tentações nasseristas. Não por mera coincidência, a partir dela instalou-se a confusão, que levou ao desastroso governo Sarney, à eleição de Collor e aos graves impasses do presente.

Em recente entrevista ao jornal *Folha de São Paulo*, Octavio Ianni afirmou que nenhum dos partidos brasileiros atuais carrega um projeto político definido e viável, nem mesmo o PT, ainda mais depois da implosão da URSS e da liquidação do chamado *socialismo real*.

Ianni tem razão, é claro. Mas o fato por ele observado é apenas a superfície de outro que subjaz a ele e é o verdadeiramente importante: a completa ausência de um projeto nacional e o aturdimento da classe dirigente, inclusive da própria *intelligentsia*, grande parte da qual, aliás, desarvorada diante da fumaça em que se transformaram seus sonhos milenaristas, vive patética e apatetadamente os últimos momentos da colonização mental/intelectual/cultural que sempre foi sua marca registrada no continente.

Esta é a hora e a vez de começar a construir a social-democracia brasileira. Diante do vácuo ideológico, do caos político, da miséria e da violência que se alastram, o projeto social-democrata é a chama da razão que indica o caminho do futuro. As dúvidas sobre as possibilidades de construí-lo não devem afetar a certeza de que ele é a única alternativa à irracionalidade e à desintegração que ameaçam o país.

(1993)

V

AS ORIGENS
DA DEMOCRACIA

"As origens da democracia" é o segundo capítulo da Terceira Parte de Eu encontrei Jesus – viagem às origens do Ocidente, *sendo aqui publicado, em primeiro lugar, por discutir as origens das concepções igualitárias, libertárias e antitotalitárias que fundamentam as modernas sociedades democráticas ocidentais e, em segundo lugar, para atender, pelo menos parcialmente, ao desejo de alguns leitores, que sugeriram publicar este texto em separata.*

A democracia – no sentido moderno do termo – é um dom de Javé, não de Zeus. E suas raízes estão funda e firmemente plantadas no solo ético-religioso da civilização israelita e não no solo científico-filosófico da civilização helênica. Esta é a verdade histórica. A lenda de que a democracia – sempre no sentido referido – nasceu em Atenas é um subproduto ideológico da luta secular travada pelo iluminismo europeu, particularmente na França, contra o poder milenar da Igreja romana e do Estado papal, herdeiros, via Constantino, o Grande, e Teodósio, de um Império que, nascido às margens do Tibre, dominara todo o Mediterrâneo muito antes que o cristianismo viesse à luz no Oriente.

Este fascinante, vasto e pouco estudado tema da história política do Ocidente exigiria pelo menos um alentado volume de várias centenas de páginas para ser adequadamente tratado, o que, compreensivelmente, é aqui inviável. Contudo, é possível, e mesmo necessário, apresentar, sucinta e esquematicamente, os principais elementos do tema em questão. Se por mais não for, para demonstrar que, muitas vezes, verdades supostamente indiscutíveis repousam sobre fundamentos não mais firmes que o barro.

A exposição será dividida em quatro partes: a democracia: origem e sentido do termo; a cidade-Estado helênica; a civilização de Javé; e Jesus, Rei de Israel e civilizador universal.

1
A democracia: origem e sentido do termo

Tirando proveito do progressivo enfraquecimento do poder dos grandes proprietários rurais, resultado das reformas levadas a efeito por Sólon um século antes, por volta de 600 a.C. o ateniense Clístenes reorganizou profundamente o sistema político e administrativo da Ática, região sob influência de Atenas, no centro-leste da Grécia. Um dos principais itens desta reorganização política foi a implantação de um sistema denominado *democracia*,[1] que em grego significa *governo dos departamentos* ou *governo dos distritos*. Nele, os cidadãos destes departamentos indicavam determinado número de delegados, que, em conjunto com os delegados de todos os demais departamentos, formavam a assembleia, ou *ágora*, que governava Atenas e a Ática. A maioria esmagadora da população, representada – à parte as crianças – por mulheres, escravos, servos, trabalhadores avulsos, estrangeiros etc., não tinha direito a votar nem a ser votada. A proporção do número de cidadãos em relação ao total da população variava de cidade para cidade mas acredita-se que dificilmente fosse superior a dez por cento. Do que se conclui que:

a) Originalmente, o termo *democracia* não tem nada a ver com *povo*[2] no sentido amplo de *população* ou mais restrito de *total dos cidadãos em idade hábil* para escolher seus representantes.

---

[1] De *demos* (departamento, distrito, cantão) e *kratein* (dirigir, governar, mandar).

[2] Em grego há vários outros termos para *povo*, como *laos* (povo, população); *oklos* (multidão, massa) e *etnos* (raça, nação).

b) A *democracia* ateniense era um sistema de poder político e administrativo rigidamente censitário/excludente, praticamente idêntico aos sistemas escravistas coloniais da América ibérica e do sul dos Estados Unidos nos séculos XVII, XVIII e XIX.

c) Afirmar que a *democracia*, no sentido moderno do termo, nasceu na Grécia, especificamente em Atenas, é portanto uma enorme falácia histórica, que só pode ser produto da ignorância.

d) Em consequência, é necessário procurar em outra parte as origens da *democracia*, se a tal termo for dado o sentido que ele passou a ter nas sociedades da Europa a partir do início do século XIX[3] e que pressupõe o respeito a alguns princípios fundamentais como direito universal de cidadania independente de sexo,[4] raça, cor, condição socioeconômica, religião etc.; direito universal a votar e a ser votado; liberdade de culto e de opinião; direito de propriedade; alternância dos partidos no poder; eleições livres e periódicas etc.

2
A cidade-Estado helênica

A partir de 1200 a.C., ondas sucessivas de invasores de língua indo-europeia, vindos do norte e conhecidos como *helenos*, lançaram-se sobre os Bálcãs, as costas do Mar Egeu e as ilhas do Mediterrâneo central, submetendo e/ou destruindo prósperas e avançadas civilizações ali existentes, entre as quais sobressaía a minóico-micênica, cujo grande centro irradiador era a ilha de Creta. Nos séculos seguintes, estendendo-se da Jônia (costa

---

[3] Como se vê em Tocqueville, por exemplo.

[4] Mesmo no Ocidente, as mulheres adquiriram plenos direitos de cidadania apenas no século XX.

oeste da atual Turquia), passando pela Ática e pela Península do Peloponeso (respectivamente, centro-leste e centro-sul da Grécia atual) e alcançando a Itália e a Sicília, nasceu o que os historiadores conhecem como *civilização helênica* (ou grega), cujo símbolo supremo é a cidade-Estado. Esta, como disse Toynbee,[5] foi produto da combinação da cultura própria dos invasores helenos com as condições impostas pelo meio em que passaram a viver.

Desconhecendo a arte da navegação e dedicando-se desde tempos imemoriais à agricultura, os helenos fixaram-se nas férteis mas pouco extensas planícies costeiras do Mediterrâneo. Em constante conflito com os povos autóctones do interior montanhoso e nas precárias condições de comunicação e transporte da época, as comunidades helênicas estabeleceram, para sua defesa, cidadelas (*pólis*, em grego) fortificadas, que progressivamente evoluíram para centros comunitários, comerciais, administrativos e políticos. Nascia assim a cidade-Estado, que, sem ser propriamente uma novidade no mundo antigo, transformar-se-ia, segundo já referido, no símbolo supremo da civilização helênica do período clássico. E o que caracterizava a cidade-Estado em termos de política, religião e sociedade?

Eram três suas características principais:

a) A cidade-Estado assentava-se sobre a união indissociável entre poder político e religião. A ética – no sentido de regras de comportamento individual, ou privado – era-lhe desconhecida. Ela era apenas uma decorrência do poder e estava submetida sempre às formas e vicissitudes dele.

Esta não é uma visão abstrata, teórica, construída idealmente *a posteriori*, a dois milênios e meio de distância. Pelo contrário, é uma realidade objetiva solidamente constatada e documentada na arte e na história helênicas.

---

[5] V. *Helenismo*.

AS ORIGENS DA DEMOCRACIA

O dramaturgo ateniense Ésquilo (525 a.C – 456 a.C.), em sua monumental trilogia denominada *Oréstia* – misto de mito, antropologia, história e política –, retoma um ciclo de lendas já presente em *A Ilíada*, de Homero, e conta a história de Orestes, filho da rainha Clitemnestra e do rei Agamênon, de Argos (no nordeste da Península do Peloponeso). Este, para ter êxito em sua expedição contra Troia (na costa noroeste da Península da Anatólia, atual Turquia asiática), fora obrigado a sacrificar aos deuses a jovem Ifigênia, sua filha e irmã de Orestes. A rainha Clitemnestra, revoltada contra a morte da filha, pede a ajuda de Egisto, que se tornara seu amante durante a ausência de Agamênon, e ambos o assassinam quando ele volta vitorioso da expedição contra Troia. Orestes, por sua vez, decide vingar a morte do pai e assassina Egisto e a própria mãe. Por este horrendo crime de sangue, o matricida é alvo da fúria das Erínias, as deusas da vingança, que passam a persegui-lo implacavelmente. Em desespero, caçado por toda parte, Orestes busca refúgio em Atenas. Ali, Palas Atena, filha de Zeus e protetora da cidade, protege-o da fúria das Erínias e faz com que ele seja julgado pelo Areópago, o Supremo Tribunal ateniense, do qual a própria deusa é membro emérito. Os juízes se dividem em partes iguais, seis a seis. Diante do empate, Palas Atena absolve o matricida, pois o voto dela valia por dois.[6] As Erínias revoltam-se, enfurecidas, mas são aplacadas pela deusa, que literalmente as compra, prometendo-lhes honras magníficas e louvores perenes. E tudo termina em paz. Palas Atena, isto é, a cidade, venceu.

A concepção de Ésquilo, que emerge fulgurante à meridiana luz do texto, é simples, direta e lapidar: pouco importa se Orestes é culpado ou não, o que importa é que os crimes de sangue – como o matricídio – fazem parte de um mundo há muito desaparecido

---

[6] Esta é a origem da expressão *voto de Minerva* (nome latino de Palas Atena).

e substituído pela *pólis*,[7] cujo poder superior e soberano é personificado pela hierática e solene Palas Atena. O poder e a religião, portanto, são indissociáveis e esta só existe em função daquele. Na cidade-Estado helênica, a única ética é a do temor diante do castigo determinado pelo poder vigente. Pois – como diz Palas Atena ao final – "que mortal acatará a justiça se nada tiver a recear?"

Em *Apologia de Sócrates*, de Platão, o problema é o mesmo presente em *Oréstia*. Mas a perspectiva é exatamente a inversa. Não é a deusa Palas Atena que absolve Orestes e faz o panegírico da cidade-Estado, fundando-a sobre o poder e a religião unidos indissociavelmente, mas são celerados atenienses que apelam a esta indissociabilidade para exigir a morte de Sócrates: ele é ateu e, portanto, inimigo da cidade!

Este paradoxo espantoso atesta com clareza insuperável o quanto Atenas – e a civilização helênica – haviam se modificado ao longo das seis ou sete décadas que medeiam entre a *Oréstia* e a *Apologia*. A lógica e a funcionalidade da cidade-Estado haviam ruído fragorosa e intempestivamente diante das mudanças históricas. A civilização helênica, que atingira seu zênite no século V a.C., caminhava para o declínio. Seu símbolo maior, a cidade-Estado, agonizava. E no horizonte surgiam os primeiros contornos dos grandes Estados nacionais dos séculos seguintes. Neles a religião perderia, progressiva e completamente, sua função.

b) A cidade-Estado era, por natureza e por definição, política e ideologicamente totalitária. Esta característica era intrínseca a ela: a sobrevivência em um meio inóspito e adverso representava o objetivo único e comum de todos os que dela faziam parte. A dissidência era estranha à cidade-Estado: o cidadão estava dentro da cidade-Estado e esta dentro dele. Na cidade-Estado não havia *espaço privado*. Apenas *espaço público*, que com ela se identificava.

---

[7] Em Israel, v. Ezequiel 18.

Mais uma vez, como no caso da união indissociável entre poder político e religião, a arte e a história helênicas dão disto irrefutável testemunho.

Em *Antígone*, obra do general e dramaturgo ateniense Sófocles (c. 495 a.C. – 406 a.C), a heroína homônima luta desesperadamente para ter o direito de enterrar Polínices, seu irmão, que se levantara em armas contra a cidade (Tebas, na Beócia, não distante de Atenas). Em vão. Creonte, tio de ambos e rei, se opõe tenaz e ferozmente, personificando o poder totalitário da cidade. Antígone reivindica o *espaço privado* e, como disse Werner Jaeger, "apela às leis eternas da piedade".[8] Em vão. Na *pólis* totalitária não há espaço para o privado. E, assim, só resta à heroína de Sófocles, em trágico isolamento, embasar sua argumentação na consuetudo de um estágio civilizatório já superado, anterior à *pólis*: o poder do clã e o *direito de sangue*. No instante em que faz isto, Antígone auto-exclui-se da cidade e iguala-se a Polínices: ela é uma rebelde!

Na insuperada interpretação de Hegel, em sua *Estética*, no conflito entre o interesse privado do indivíduo e o interesse público do Estado, este fatalmente se impõe. O Estado é a *ultima ratio*: não há instância superior a que apelar. Mas, em assim fazendo, ao negar recurso "às leis eternas da piedade", a cidade-Estado totalitária – é Sófocles quem o diz – se autocondena e assina seu próprio epitáfio. À frente só restava o abismo. Ou um novo mundo cuja aurora ainda não surgira no horizonte. Nem surgiria tão cedo.

Pois se em *Antígone* Sófloces constrói sua visão de mundo utilizando como tema uma antiga lenda da cidade de Tebas, em *Apologia de Sócrates* Platão, mais de meio século depois, se ocupa de um rumoroso fato histórico, então ainda recente, ocorrido

---

[8] V. *Paideia*, p. 260.

na própria Atenas e que abalara a cidade até os fundamentos: a denúncia, o julgamento, a condenação e a execução de Sócrates. O episódio é muito conhecido e não é necessário referi-lo. A questão fundamental aqui é: por que Sócrates, "o melhor dos homens", afronta o tribunal de Atenas e a morte pela cicuta, desprezando as oportunidades de fugir da cidade e salvar sua vida?

Pouco importa se a *Apologia* – paradigma e ápice da arte retórica ocidental – foi pronunciada total ou parcialmente, ou mesmo se nem o foi, por Sócrates ou se é simplesmente criação integral de Platão. O que importa é que Sócrates e a *Apologia* são o epitáfio, ditado com lógica feroz e clareza insuperável, da cidade-Estado e do totalitarismo a ela inerente. Porque Sócrates não foi acusado e condenado por "corromper a juventude" ou por não acreditar nos deuses da cidade. Sócrates, cidadão e soldado exemplar, foi acusado e condenado porque sua independência intelectual[9] e sua prática pedagógica reivindicavam um espaço privado estranho à natureza da *pólis*. Sócrates foi acusado e condenado não simplesmente pelo ódio de energúmenos sedentos de sangue como Anito e Meleto mas porque estes encontraram nas antigas instituições da cidade-Estado ateniense – que desaparecera ao longo do século V a.C., dando lugar a um império comercial marítimo e a uma metrópole cosmopolita – a base jurídica para livrar-se daquele que expunha à luz do dia tanto a desmedida e criminosa ambição pessoal de demagogos que manipulavam impudentemente a opinião pública quanto a caducidade de um mundo que desaparecera para sempre e que ainda sobrevivia apenas na ação da bandidagem política e da escória moral travestidas de vontade da maioria.

---

[9] Demonstrada nos rumorosos casos da condenação à morte dos comandantes da batalha das Arginusas e de Leão de Salamina.

Mas, por que Sócrates não furtou-se – e sabemos que podia tê-lo feito – ao julgamento, ao veredito e à morte?

Basta ler a *Apologia* para entendê-lo, pois, pelo menos tal como Platão nô-la conservou, ela surge a nossos olhos como um longo, meticuloso, doloroso e comovente cálculo de custo-benefício. Sócrates era um homem do passado. Nascera quando o império comercial ateniense mal começava a organizar-se. E enfrentara o tribunal e o ódio mortal de seus inimigos quando este império desaparecera para sempre e Atenas fora esmagada pelo tacão do Estado militarista espartano. Como soldado pusera três vezes sua vida à disposição da cidade e como pedagogo lutara diuturnamente contra sua decadência. Como todo cidadão de uma cidade-Estado, ele a ela pertencia. Fugir seria negar-se e negar Atenas seria curvar-se ante os facínoras que clamavam por sua morte. Havia apenas uma alternativa: por sobre os escombros da cidade-Estado que o vira nascer transformar-se em símbolo e arauto de um futuro que mal ainda se prenunciava. Um futuro em que *espaço público* e *espaço privado* não fossem rigidamente opostos e mutuamente excludentes. Um futuro em que um cidadão exemplar e respeitador da lei pudesse pensar livremente e adorar seus próprios deuses sem correr o risco de ser considerado inimigo do Estado.

Ainda que argumentando *pro domo sua*, em sua luta contra o Império, tinham razão os apologetas dos séculos II d.C. e III d.C. que consideravam Sócrates o primeiro mártir cristão. Afinal, ele morrera defendendo seu direito ao *espaço privado*, espaço este que os cristãos, cidadãos leais, reivindicavam para poder manter sua fé sem serem, como Antígone e Sócrates, excluídos do Império, que insistia em preservar rigidamente o caduco totalitarismo da antiga cidade-Estado.

c) A cidade-Estado helênica era – como diriam os historiadores de hoje – uma formação socioeconômica escravista típica e é historicamente insustentável, se não até politicamente absurdo, considerá-la o berço da *democracia ocidental*, no sentido moderno desta expressão. Esta é uma lenda que não resiste à mais primária análise histórica. Para convencer-se disto não é necessário ser um erudito. Basta ler os dois primeiros e breves capítulos de *A política*, de Aristóteles. Neles, com a concisão, a clareza e a *imperatoria vis* que lhe são próprias, Aristóteles analisa a natureza da sociedade e a de sua expressão máxima, a cidade-Estado, e afirma que a mulher, o escravo e a criança estão destinados à submissão em virtude de sua condição de seres inferiores por natureza.[10]

Mas se a cidade-Estado helênica era totalitária, antilibertária, não-igualitária e escravista e se a palavra *democracia*, em grego, tinha um sentido radicalmente diverso, e até oposto, daquele que possui hoje, de quem estão herdou o Ocidente as ideias de igualdade, liberdade, privacidade etc.?

3
A civilização de Javé

A presença de populações de língua semita em Canaã procedentes do noroeste da Alta Mesopotâmia remonta ao início do segundo do milênio (c. 2000 – 1900) antes de Cristo. Mas a história do *povo do Decálogo*, ou israelita, começa efetivamente –

---

[10] É por isto que, como se verá a seguir, o radical igualitarismo paulino, formulado classicamente em Gálatas 3,28, é um ataque frontal à cidade-Estado helênica e à estrutura escravista sobre a qual ela se assentava. E ao Império romano, que delas se tornara herdeiro. É impossível saber se Paulo de Tarso lera Aristóteles. Mas o paralelismo, por contraposição, entre os caps. I e II de *A política* e o pensamento paulino é impressionante.

no referente ao que aqui interessa – por volta de 1250 a.C, quando tribos seminômades de pastores, procedentes do Deserto da Arábia, ocuparam Canaã atravessando o curso inferior do Rio Jordão, possivelmente em algum ponto próximo ao Mar Morto, na região da cidade de Jericó.

Centenas, possivelmente milhares de obras foram escritas por especialistas sobre a pré-história dos muitos grupos de língua semita que durante séculos perambularam por todo o Oriente próximo e até pelo nordeste da África (Egito). Como é natural, em virtude da precariedade e da pouca confiabilidade dos dados disponíveis, as teses sustentadas por estes especialistas são muitas vezes divergentes e/ou de difícil comprovação. Mas hoje é mais ou menos aceito por todos que ao longo de cerca de dois séculos, ou pouco mais, alguns destes grupos semitas seminômades ocuparam o país de Canaã, sedentarizaram-se e constituíram uma liga tribal, num processo que por volta do ano 1000 a.C. desembocou na formação de um Estado monárquico centralizado. Este, sob a liderança das tribos localizadas no sul (Judá/Jerusalém), chegou a desempenhar importante papel político no Crescente Fértil durante o período que os historiadores conhecem como *reino unificado* ou *dinastia davídica*.

É a partir desta época que começa realmente a história documentada do *povo de Israel, povo eleito* ou, como aqui foi chamado, *povo do Decálogo*, história esta registrada em um multifacetado, complexo e monumental conjunto de obras sem paralelo entre as culturas da Antiguidade, tradicionalmente denominado *Antigo Testamento*. Deixando aos incontáveis especialistas a tarefa de ocupar-se deste vasto e fascinante campo da pesquisa histórica e literária,[11] é suficiente referir sucintamente o que é o

---

[11] A bibliografia é imensa, tanto sobre a história e a religião de Israel quanto sobre o Antigo Testamento propriamente dito. Em tradução portuguesa já há algumas obras excelentes,- como as de Bright, Donner e Fohrer, entre outros.

Decálogo e como ele surgiu – melhor, como se imagina que ele tenha surgido.

Hoje é mais ou menos consenso, entre os especialistas da área, que por volta de 1250 a.C., quando, procedentes do sul da Península Arábica, alguns grupos de semitas seminômades – conhecidos depois como *povo de Israel* – atravessaram o Rio Jordão e iniciaram a conquista de Canaã, eles já traziam em suas bagagens, no lombo de seus burros, o Código da Aliança, do qual o Decálogo é a parte fundamental. Segundo está relatado no Livro do Êxodo (14-20) e no Livro do Deuteronômio (5), os israelitas, depois de fugirem do Egito, perambularam por muito tempo pelo Deserto da Arábia antes de chegarem à ansiada Canaã, a Terra Prometida. E foi no Deserto da Arábia, no cume do Monte Sinai, que, por entre trovões e relâmpagos a testemunhar seu poder absoluto, Javé, o Deus único e soberano, apareceu a Moisés, o líder daqueles fugitivos, e com ele estabeleceu um pacto – ou aliança – pelo qual eles, os israelitas, seriam seu povo e ele, Javé, seu deus. E fixou o preço para que este pacto continuasse a ter validade no futuro e para que o povo de Israel, o *povo eleito*, se conservasse digno de tal privilégio: a observância de dez leis gravadas indelevelmente em tábuas de pedra entregues a Moisés. Cerca de um milênio depois (c. 250 a.C.), quando as obras da literatura hebraica foram traduzidas para o grego, estas dez leis receberam o nome de *Decálogo* (dez princípios), pelo qual elas são conhecidas até hoje.

A *experiência do Sinai*, como a denominam os especialistas da área, é o mito fundador da civilização israelita, e suas origens estão envoltas em denso mistério que as areias do Deserto da Arábia guardarão ciosas para sempre.

Mas esta experiência fez daqueles grupos, ou tribos, seminômades fugidos do Egito os guardiães de uma herança de valor perene – *um tesouro para sempre*, na expressão de Tucídides. Pois foi ali, no solo adusto e calcinado do Deserto da Arábia que se gestou um milagre civilizatório, um momento de inflexão que lançaria sua sombra sobre o futuro do Mediterrâneo, da Europa e – por que não dizê-lo? – de toda a Humanidade.

O tema é inesgotável e é inabarcável a bibliografia que dele trata. Mas, em termos simples e em resumo esquemático, o que há de específico na *experiência do Sinai* e no povo do Decálogo? Ou, mais diretamente, o que realmente diferencia a civilização da cidade-Estado helênica daquela dos semitas seminômades de Javé?

Em documentos de reconhecida antiguidade, como o relato da queda original no Livro do Gênesis (3) e o da entrega do Código da Aliança no Livro do Êxodo (19-20), até em outros mais tardios, como o clássico cap. 2 do Livro da Sabedoria e as famosas bem-aventuranças do Evangelho de Mateus (5,1-12), passando pela pregação verberatória dos profetas clássicos dos séculos VIII a.C. e VII a.C. (Amós, Oseias, Miqueias, Isaías etc.), a civilização israelita surge diante de nossos olhos espantados como um cenário de violência e de horror, um feroz e interminável conflito entre civilização e barbárie, entre a ordem e o caos, entre o Criador e suas criaturas, entre Javé e o *povo eleito*. E foi precisamente por assim captar e condensar como nenhuma outra – exceto a helênica, em ângulo diverso e inversamente correspondente – a essência da experiência da espécie humana depois do salto abissal que a separou das demais espécies de animais superiores, foi por isto que a ética do Decálogo se mantém ainda hoje, indiferente à passagem dos séculos e dos milênios, como insuperável e inigualável paradigma civilizatório de valor perene e universal.

Mas especificamente no que se refere ao tema aqui em questão – a *democracia* como herança de Israel e não da Hélade –, o que distingue e caracteriza a civilização de Javé daquela da cidade-Estado?

Em sequência paralela aos três itens antes referidos como sendo distintivos da cidade-Estado helênica, a civilização de Javé se funda sobre outros três, que àqueles se contrapõem.

a) A civilização de Javé assentava-se sobre a união indissociável entre ética e religião. O poder, como esfera da política, ocupava função secundária e, por definição, não gozava de autonomia. Exemplos abundantes, tanto no Velho quanto no Novo Testamento, comprovam esta concepção única e exclusiva entre os povos da Antiguidade. Mas nenhum é tão paradigmático quanto aquele que envolve o rei Davi e o profeta Natã. O episódio é narrado em 2Samuel 11-12 e seu início (11,2-5) é uma cena clássica de voyeurismo:

> Uma noite Davi, levantando-se da cama, passeava pelo terraço de seu palácio, quando avistou dali uma mulher que se banhava, e que era muito formosa. Informando-se Davi a respeito dela, disseram-lhe: – "É Betsabé, filha de Elião, mulher de Urias, o hiteu." Então Davi mandou mensageiros que lha trouxessem. Ela veio e Davi dormiu com ela. Ora, a mulher, depois de purificar-se de sua imundície, voltou para a sua casa e, vendo que concebera, mandou dizer a Davi: "Estou grávida."

Para tentar livrar-se de possíveis consequências, o rei faz de tudo para que Urias mantenha relações com Betsabé nas noites subsequentes mas esbarra na fidelidade canina dele, que prefere manter guarda junto às portas do palácio real. Davi, incomodado, aproveita-se do fato de estar em guerra com os amonitas e ordena a Joab, comandante em chefe de suas tropas, que coloque Urias no lugar mais perigoso da frente de batalha, para que ele seja morto pelo inimigo. Joab toma as devidas providências e assim de fato acontece. E então o rei fez de Betsabé sua mulher. Mas "o procedimento de Davi desagradou ao Senhor" (11,27b), que manda o profeta Natã repreender o rei.[12] A cena que se segue (12,1-15) é memorável e, se detidamente analisada, faria com que os estudiosos das origens do conceito moderno de democracia alterassem radicalmente suas concepções:

> O Senhor mandou a Davi o profeta Natã, que entrou em sua casa e disse-lhe: "Dois homens moravam na mesma cidade, um rico e outro pobre. O rico possuía ovelhas e bois em grande quantidade; o pobre, porém, só tinha uma ovelha, pequenina, que ele comprara. Ele a criava e ela crescia junto dele, com os seus filhos, comendo do seu pão, bebendo do seu copo e dormindo no seu seio; ela era para ele como uma filha. Certo dia, chegou à casa do homem rico um estranho, e ele, não querendo tomar de suas ovelhas nem de seus bois para prepará-los e dar de comer ao hóspede que tinha chegado, foi e apoderou-se da ovelha do pobre, preparando-a para o seu hóspede." Davi, indignado contra tal homem, disse a Natã: "Pela vida de Deus! O homem que fez isto merece a morte. Ele restituirá sete vezes o valor da ovelha, por ter feito isto e não ter tido compaixão." Natã disse então a Davi: "Tu és este homem. Eis o que diz o Senhor Deus de Israel: Ungi-te rei de Israel, salvei-te das mãos de Saul, dei-te a casa do teu senhor e pus as suas mulheres nos teus braços. Entreguei-te a casa de Israel e de Judá e, se isso fosse ainda pouco, eu teria ajuntado outros favores. Por que desprezaste o Senhor, fazendo o que é mal aos seus olhos? Feriste com a espada Urias, o hiteu, para fazer de sua mulher a tua esposa. Por isso, jamais se afastará a espada de tua casa, porque me desprezaste tomando a mulher de Urias, o hiteu, para fazer dela a tua esposa, e porque o fizeste perecer pela espada dos amonitas. Eis o que diz o Senhor: Vou fazer que se levantem contra ti males vindos de tua própria casa. Sob os teus olhos, tomarei as tuas mulheres e dá-las-ei a um outro, que dormirá com elas à luz do sol! Porque tu agiste às escondidas, mas eu o farei diante de todo o Israel e diante do sol."
>
> Davi disse a Natã: "Pequei contra o Senhor." Natã respondeu-lhe: "O Senhor perdoou o teu pecado; não morrerás. Todavia, como desprezaste o Senhor com esta ação, morrerá o filho que te nasceu." E Natã voltou para a sua casa.

---

[12] O fato de Urias nem ser israelita – era hiteu, ou hitita – dá ao episódio dimensão ainda maior.

Impensável e inaudito não apenas no contexto das monarquias vétero-orientais e no mundo da Antiguidade clássica ocidental mas até mesmo em toda a história do Ocidente pré--industrial,[13] o episódio se eleva à condição de símbolo daquilo que fez singular e única a civilização israelita: a posição secundária e dependente do poder político e administrativo diante da unidade monolítica da ética e da religião como poder superior. Porque, na civilização de Javé, este jamais abre mão de sua autoridade e o rei, ou seja lá quem for, é sempre e apenas seu delegado, inapelavelmente submetido, à semelhança do mais ínfimo dos súditos, às leis eternas e universais do Decálogo. Diante do poder divino de Javé, o crime é crime e o poder terreno não pode interferir nem na precisa avaliação de sua gravidade nem na inefugível necessidade de sua punição. Na civilização de Javé o poder político e administrativo é delegação e seu exercício é serviço – como o define Paulo de Tarso em Romanos 13 – e não oportunidade para celerados agirem a seu talante e violentarem a dignidade de alguém, mesmo que seja ele o mais desamparado dos homens. Porque esta dignidade – a dignidade de todos os filhos do único e mesmo Deus – paira intangível acima do poder e do arbítrio de toda autoridade humana.

Esta e não outra é a semente da qual brotaram os princípios da igualdade de todos, da liberdade de cada um, da separação entre *espaço público* e *espaço privado*. Este é o tronco, enfim, do qual nasceram as democracias modernas do Ocidente.

b) A civilização de Javé era, por natureza e por definição, antitotalitária, pois, ao submeter a esfera do poder político e administrativo à esfera da ética e da religião, ergue em torno do

---

[13] Thomas Becket (1117-1170) e Thomas Morus (1478-1535) pagaram com suas vidas a ousadia de imitar o profeta Natã diante, respectivamente, de Henrique Plantageneta e Henrique VIII.

indivíduo – independentemente de sua posição na sociedade – uma muralha intransponível ao arbítrio da autoridade secular, estabelecendo assim o princípio lógico ordenador das sociedades democráticas do Ocidente moderno: a separação entre *espaço público* e *espaço privado*. Princípio que, por suposto e não por coincidência, é o alvo primeiro visado pelos totalitarismos de qualquer natureza.

Em *Antígone*, a heroína não se rebela contra a morte de seu irmão Polínices, que se levantara em armas contra a cidade. Este era um episódio que ocorrera no âmbito do *espaço público*. Ela reivindica apenas o direito sagrado de enterrar seus mortos. Ela reivindica seu *espaço privado*. Mas Sófocles não soluciona o problema. Nem poderia fazê-lo. Na cidade-Estado totalitária não há espaço privado. Creonte se mantém impassível e implacável. E os deuses silenciam. Já em 2Sm ninguém denuncia o crime monstruoso de Davi. É o próprio Javé, pela voz de Natã, que acusa o rei e o condena. E este se curva ao poder superior da divindade e faz penitência. Por quê?

Porque na civilização de Javé o poder político-administrativo e os direitos do indivíduo não nascem dentro da sociedade mas fora e acima dela. Pouco importa se Moisés foi um líder tribal que realmente existiu ou apenas um legislador mítico do Deserto da Arábia. Seja ele quem tenha sido, ao retirar da Humanidade lábil o poder de legislar, entregando-o à Divindade incorruptível, ele identificou a glória e a danação para sempre gravadas na alma da espécie desde que ela transpôs o fosso que a separa dos brutos: o insopitável anseio de ascender aos céus da civilização e o atávico chamado a retornar aos abismos da barbárie. Não foi por mero acaso, pois, que a legislação de um obscuro povo semita seminômade desbordou os lindes tribais, étnicos e geográficos e elevou-se à condição de herança perene e universal que os pósteros guardarão enquanto a humanidade for a mesma.

Mais uma vez, como sempre, esta não é uma construção poética e idealizada, segundo o comprova a história de Israel e de seus profetas, os incansáveis e intimoratos paladinos da civilização de Javé. Os grupos seminômades semitas que por volta de 1250 – 1200 a.C. ocuparam Canaã e ali se sedentarizaram evoluíram depois, progressivamente, ao longo de cerca de dois séculos, para uma liga tribal e finalmente formaram um Estado nacional monárquico centralizado, à semelhança de tantos outros do Crescente Fértil (Assíria, Babilônia, Egito etc.). E quando, pela pressão do entorno, pelo natural processo de expansão, centralização, urbanização e enriquecimento e pelos conflitos internos, o sistema de poder em Israel tendeu perigosamente a igualar-se ao das demais monarquias vétero-orientais, quando isto aconteceu, lá estavam os profetas, de Natã a Amós, de Miqueias a Oseias, de Isaías a Jeremias, lá estavam eles a verberar, com sua retórica incendiária, a desigualdade, a injustiça, a exploração, a opressão e o crime, a denunciar a decadência da civilização de Javé, a alertar contra a maré montante da barbárie a alastrar-se qual praga mortal sobre toda a Terra Prometida.

Neste sentindo – e não raro eles foram efetivamente assim percebidos em seu tempo – os profetas de Israel eram conservadores e reacionários, críticos intransigentes da nova ordem, defensores irritantes de um passado tribal e seminômade há muito desaparecido. E foram perseguidos e, como Sócrates, não raro mortos. Mas há uma diferença fundamental entre eles: Sócrates é um revolucionário que afronta o presente por intuir que o passado caducara – passado que, paradoxalmente, fornece os argumentos para sua condenação – enquanto os profetas de Israel são conservadores que defendem o passado para verberar os desvios do presente. Sócrates, como Antígone, reivindica um espaço privado que a cidade-Estado totalitária do passado não podia oferecer. Os profetas defendem o espaço privado que existia no passado e que no presente é ameaçado pela *ratio* do Estado monárquico absolutista.

Pode parecer a muitos estranho defender a tese de que a igualdade, a liberdade, o antitotalitarismo e a democracia ocidental – no sentido moderno do termo – tenham suas raízes no passado tribal de grupos semitas seminômades. Mas muitíssimo mais estranho seria afirmar que tais raízes estejam fincadas no solo da cidade-Estado helênica. Para convencer-se disto basta ler, de um lado, como foi visto, a *Oréstia*, de Ésquilo, *Antígone*, de Sófocles, *A guerra do Peloponeso*, de Tucídides, e *A política*, de Aristóteles, e, de outro, os profetas de Israel dos séculos VIII a.C. e VII a.C.

Aliás, ler os profetas de Israel é uma experiência única e impressionante pela qual deveriam obrigatoriamente passar todos aqueles que se interessam pelo pensamento político e social da Antiguidade e pelas origens dos conceitos fundamentais que regem as sociedades democráticas do Ocidente moderno. Infelizmente, devido à clivagem – quando não ao conflito – que, como se verá no próximo capítulo, separa as *duas tradições*, é muito raro que isto ocorra. Mas os que os lerem perceberão imediatamente que João Batista, Jesus de Nazaré e os sofisticados intelectuais da diáspora que fundaram o cristianismo primitivo pouco possuem de verdadeiramente original, a não ser pelo fato de terem se transformado em ícones e/ou ideólogos do último florescer da civilização de Javé, que, ao longo do século I d.C, encerrava seu ciclo histórico milenar no já estéril solo da antiga Canaã e, abandonando-a para sempre, atingiria o auge de seu esplendor literário nos textos do Novo Testamento, destinados a iluminar no futuro o Ocidente e o orbe inteiro.

c) A civilização de Javé era intrinsecamente igualitária, o que decorre lógica e necessariamente da concepção creacionista que a embasa e, como já foi por outros afirmado, de seu rígido monoteísmo. Pois se há um Deus criador do Universo – segundo a, em todos os sentidos, maravilhosa cosmologia de Gênesis 1 – e se este Deus é único, daí decorre que todos os seres são iguais entre si no âmbito de sua própria espécie, de acordo com a escala de importância que ocupam na ordem da Criação. Como para as outras, este *diktat* divino vale para a espécie humana, pouco importando que sua história seja um séquito de horrores, como o comprova o próprio Antigo Testamento.

Esta concepção cosmológica e antropológica, que a ignorância do iluminismo vulgar e pseudo-científico qualifica de ingênua e primitiva, é o fio sem rupturas que vai do relato do Livro do Gênesis à democracia moderna, passando pelo Decálogo, pelos profetas, pelo cristianismo primitivo e pelos Padres da Igreja dos primeiros séculos. E não importa saber se Javé foi algum dia apenas um deus tribal e discutir em que momento foi ele investido de sua prerrogativa de Deus único e universal. Também não importa – e nem adiantaria, pois em termos de argumentação a queda original é um *habeas corpus* preventivo! – se em Israel e no Ocidente, ao longo dos séculos e dos milênios, a ideia da igualdade e da dignidade de todos os filhos de Deus foi esquecida, ocultada, abafada, violentada e até negada, não raro até por aqueles cuja função seria defendê-la. Mesmo, e principalmente quando, sepultada sob um ordálio de violência e de crimes, ela continuou a pulsar, inextinguível, ressurgindo logo adiante, qual Fênix imortal, das cinzas da civilização de Javé, com a força incontrolável de ânsia primal e âncora atávica da espécie.

A ideia da igualdade é, pois, uma ideia israelita e não helênica. E quando Toynbee[14] afirma que "Esparta foi a primeira cidade-Estado helênica a transforma-se numa democracia" ele não está fazendo uma ironia, o que destoaria de seu estilo preciso e

---

[14] *Helenismo*, p. 15.

contido. Ele está simplesmente utilizando o termo *democracia* com o sentido original que ele possuía no mundo das cidades--Estado helênicas: *governo dos departamentos* ou *dos distritos*. Toynbee sabia muito bem, e o expõe com clareza absoluta logo a seguir, que Esparta, por necessidade de sobrevivência, se tornara um Estado militarista e que seu regime assemelhava-se, em brutalidade e violência, às ditaduras totalitárias marxistas-leninistas do século XX, ao nazismo hitlerista e a outros regimes assemelhados. O que de fato ocorrera, como Toynbee o explica, é que já na segunda metade do século VI a.C. a aristocracia latifundiária e escravista espartana fora obrigada a conceder o direito de cidadania a grupos estranhos à sua esfera estamental. E o fez para não submergir diante da constante ameaça representada pelos hilotas do baixo Eurotas e para enfrentar o desgaste provocado pela guerra sem fim com os messênios do planalto ocidental. Evidentemente, quando, na primeira metade do século V a.C., os novos meios de produção, comunicação e transporte começaram a alargar as fronteiras do mundo helênico, quando o sistema da cidade-Estado começou a ruir, quando, um século depois, os grandes Estados nacionais do Mediterrâneo começaram a formar-se, a ideia cosmopolita da igualdade de todos os homens começou a emergir e passou a contaminar as numericamente reduzidíssimas camadas ilustradas da população, como se pode observar em Platão e, mais tarde, nos ditos *estóicos*, como Sêneca, Epicteto, Marco Aurélio etc.

Mas isto pouco ou nada significava na prática. E por duas razões:

* Em primeiro lugar, a civilização greco-romana – para nem falar das monarquias orientais – não fornecia qualquer base lógica capaz de sustentar a defesa da igualdade. O politeísmo generalizado, as divindades particulares de cada cidade-Estado – e dos impérios que as sucederam – e a gélida e arraigada convicção de

que o homem é frágil e impotente joguete à mercê das forças cegas do destino e das implacáveis relações de poder[15] negavam *a priori* qualquer apoio a concepções de natureza igualitária e solidária.

Elevando aquela convicção às alturas, jamais depois atingidas, de filosofia perene e de arte sublime, os atenienses Ésquilo, Sófocles e Eurípides apresentam, em suas tragédias, o mundo como um lugar inóspito e cruel e o homem como um ser solitário condenado ao sofrimento e à morte, preocupado demasiadamente com sua própria desgraça para ser capaz de lançar sobre seus semelhantes um olhar de piedade e de misericórdia. Em *Oréstia*, em *Antígone*, em *Medeia* e nas demais peças destes autores estão à mostra os fundamentos de uma civilização totalmente diversa daquela de Javé.

* Em segundo lugar, a civilização greco-romana jamais poderia, nem na teoria nem, muito menos, na prática, defender a ideia da igualdade entre os homens, porque tal ideia minaria e destruiria a base sobre a qual ela se assentava: a escravidão. Por isto Aristóteles, adepto do monoteísmo lógico, jamais poderia daí concluir que todos os seres humanos são necessariamente iguais. Diante de seus olhos, a fria realidade era um desmentido incontestável. E por isto os capítulos iniciais de *A política* são tão chocantes para a sensibilidade ocidental atual.

A ideia da igualdade entre os homens é, portanto, absolutamente estranha à cidade-Estado helênica e à Antiguidade em geral, à parte Israel. A ideia da igualdade entre os homens é um traço distintivo da civilização de Javé.[16] Mas alguém poderia argumentar que o conceito romano de *contrato* entre partes e dos deveres e direitos daí decorrentes também pressupõe a igualdade dos contratantes. Infelizmente, também esta questão

---

[15] A força e o acaso. Em latim, *virtus et fortuna*. Em grego, *areté kai tyche*.

[16] Tocqueville identifica na sociedade norte-americana tanto a ideia-mestra da igualdade quanto a força impositiva da religião. Contudo, como bom iluminista,não lhe ocorre fazer a ligação entre as duas.

não pode ser aqui analisada. Mas parece evidente – se é que alguma vez ela existiu nos primórdios da sociedade romana – que tal ideia não resistiu por muito tempo. Ali também, às margens do Tibre, não havia qualquer base lógica que a sustentasse, como em meados do século I a.C., já nos estertores da República, Cícero o expõe com clareza. Em seu *De officiis* (Sobre os deveres) ele afirma que a garantia da liberdade e dos direitos do indivíduo é a propriedade, isto é, a posse de bens, porque só ela fornece proteção contra o arbítrio, seja ele do Estado, seja ele de particulares. Portanto, o conceito romano de *contrato* não nasceu da consciência de uma igualdade universal mas da imperativa necessidade de estabelecer um princípio que fundasse e garantisse a ordem social, barrando a regressão à barbárie. Os agressivos lavradores – talvez originariamente um bando de salteadores – que fundaram Roma tinham experiência no assunto.

Seja como for, a verdade é que o arcabouço jurídico romano só encontrou firme e sólida sustentação lógica e assim adquiriu vigência universal quando transformou-se em moldura, isto é, quando nele foi inserta a concepção israelita da igualdade, fundada sobre o monoteísmo. Por quê? Porque só a ideia de uma igualdade universal *anterior ao contrato* pode estabelecer uma base sobre a qual as partes podem pactuar de forma efetivamente livre e consensual.

Deixando de lado esta complexa e fascinante questão teórica, parece evidente que, se alguém pretender encontrar fora da civilização israelita a origem dos modernos conceitos de *democracia, liberdade individual, espaço privado* etc., terá que dirigir-se a Roma e não a Atenas. Pois seguramente, como se viu, não foi nas cidades-Estado helênicas que tais ideias nasceram. Como o comprova o insuspeito e irretorquível testemunho de Aristóteles.

(2004)

IMPRESSÃO:

Santa Maria - RS - Fone/Fax: (55) 3220.4500
www.pallotti.com.br